essen & trinken

Das Kochbuch

Sonderausgabe der Naumann & Göbel Verlagsgesellschaft mbH
in der VEMAG Verlags- und Medien Aktiengesellschaft, Köln
Alle Rechte bei Gruner & Jahr AG & Co., Hamburg
Redaktion: Sabine Zarling
Layout: Jürgen Pengel
Graphik: Heike Diem
Fotos: Gruner+Jahr-Syndication
Rezepte: Christiane Steinfeld, Anke Rabeler, Jutta Jahr
Gesamtherstellung: Naumann & Göbel Verlagsgesellschaft mbH, Köln

ISBN 3-625-10888-7

essen & trinken

Das Kochbuch

NAUMANN & GÖBEL

INHALT

1. Kapitel
STEAK

Die klassischen Beilagen zum Steak: Ofenkartoffel mit Kräuterbutter gefüllt, gebackene Tomate und gebratene Zwiebeln.
Rezept Seite 8

1 Steak ist nicht gleich Steak

Alle Kochkunst ist vergebens, wenn Sie für Ihr **Steak** nicht das richtige Fleisch erwischen. Es muß von einem jungen Tier stammen und aus dem richtigen Teil geschnitten werden. Vor allem sollte es gut abgehangen sein; man erkennt es an der dunkelroten Farbe. Leuchtend rotes Fleisch ist zu frisch. Die zartesten Steaks werden aus dem **Filet** (in manchen Gegenden auch Lende genannt) geschnitten. Kräftiger und würziger sind **Rumpsteaks**, die Scheiben vom Ochsenrücken (im ganzen Stück „Roastbeef"), und die nach amerikanischer Sitte aus der Hochrippe geschnittene **Porterhouse-, T-Bone-** und **Club-Steaks** mit Knochen. Was als **Beefsteak** angeboten wird, stammt aus der Kluft, dem zur Keule hin gelegenen Teil des Rückens und hat sehr festes Fleisch.

Rumpsteak mit Ofenkartoffel

(Zum Foto von Seite 7)
Für 1 Portion:
1 große Kartoffel (200–250 g)
1 Tomate
2 kleine Zwiebeln
1 Rumpsteak (200 g)
2 El Öl
1 El Butter
Salz
Pfeffer (a. d. Mühle)
etwas Kräuterbutter

1. Die Kartoffel gründlich waschen, fest in Alufolie wickeln und 40–45 Minuten im Backofen bei 250 Grad (Umluft 250 Grad, Gas 5–6) backen. 10 Minuten vor Garende Tomate kreuzweise einritzen, in den Ofen setzen.

2. Die Zwiebeln pellen, halbieren und in halbe Ringe schneiden. Den Fettrand des Steaks einkerben. Das Steak im heißen Öl von jeder Seite 2 Minuten bei starker Hitze braten. Das Steak aus der Pfanne nehmen und warm stellen. Butter in die Pfanne geben, Zwiebeln darin bräunen, mit Salz und Pfeffer würzen.

3. Die Kartoffel aufschneiden und mit der Kräuterbutter füllen.

Zubereitungszeit: 45 Minuten
Insgesamt etwa 46 g E, 74 g F, 30 g KH = 1012 kcal (4231 kJ)

Das Fett muß zischen, wenn das Steak in die Pfanne kommt

2 Das richtige Fett zum Braten

Steaks sollen außen braun, innen aber wenigstens noch rosa sein. Das heißt: Sie müssen bei großer Hitze schnell gebraten werden, und man braucht deshalb zum Braten ein Fett, das sich hoch erhitzen läßt, weit über 100 Grad, ohne zu verbrennen. Butter oder Margarine enthalten bis zu 16 Prozent Wasser; sie spritzen beim Braten, verbrennen schnell und sind deshalb nicht geeignet (nur für das Braten bei milder Hitze). **Pflanzenfette** (z.B. Kokos- oder Erdnußfett) enthalten kein Wasser, sind geschmacksneutral, hoch erhitzbar und **gut geeignet**, ebenso **Öl** und **Butterschmalz**. Zum Braten bei starker Hitze sollte jedoch auf kaltgepreßte Öle verzichtet werden. Schweine- und Gänseschmalz eignen sich zum Braten, haben aber einen starken Eigengeschmack. Steaks werden in soviel Fett gebraten, daß der Boden gerade gut bedeckt ist.

So werden Zwiebelringe gleichmäßig geschnitten

3 Alle Zutaten bereitstellen

Für alle Pfannengerichte gilt: Gebratenes muß frisch aus der Pfanne auf den Tisch. Es darf nicht lange stehen. Deshalb muß man alle Zutaten und alle Geräte bereitstellen, ehe man mit dem Braten anfängt. Das gilt besonders für die Zwiebeln: Sie werden vorher gepellt, längs halbiert und mit einem scharfen Messer in halbe Ringe geschnitten (Foto unten links). Die Zwiebelringe sollten gleichmäßig dünn geschnitten werden, damit sie gleichzeitig bräunen.

4 Auf die Pfanne kommt es an

Wenn das Steak gelingen soll, braucht man eine **schwere Pfanne** mit glattem, ebenem Boden. In gewölbten Pfannen verteilt sich das Fett ungleichmäßig und die Steaks bräunen nicht richtig. Das gilt vor allem, wenn auf Elektroplatten gekocht wird.

Besonders gut geraten Steaks in schwarzen, gußeisernen Pfannen oder in schweren, innen mit dunkelblauem Email ausgekleideten Pfannen (siehe Foto oben links). Sie müssen allerdings von guter Qualität sein und (der Gebrauchssanweisung entsprechend) richtig „eingebraten" werden. Dunkle Pfannen speichern und verteilen die Hitze besser als helle Pfannen (z.B. Stahlpfannen) und beschichtete Pfannen, die außerdem zu leicht sind.

Das beste Bratergebnis erzielt man, wenn die Bratpfanne die gleiche Größe wie die Herdplatte besitzt.

Steak 1 Minute pro Seite gebraten

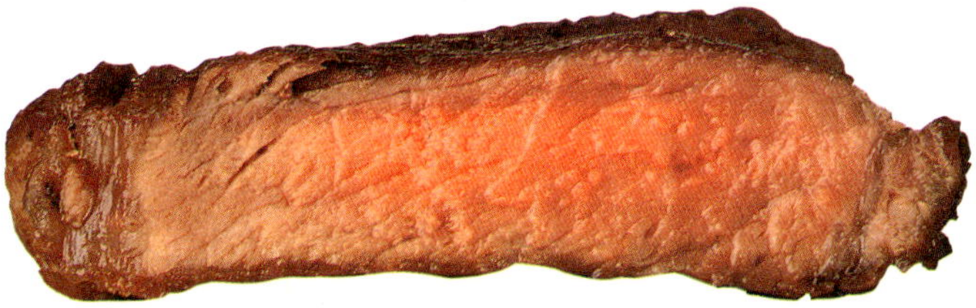

Steak 2 Minuten pro Seite gebraten

Steak 5 Minuten pro Seite gebraten

5 Wie soll das Steak gebraten sein?

Steakbraten ist Minutensache. Das Einstellen der Eieruhr hilft, die Bratzeiten genau einzuhalten. Bevor das Fleisch in die Pfanne kommt, muß das Fett in der Pfanne richtig heiß sein. Das Fett hat die richtige Temperatur, wenn man ein Holzstäbchen hineinhält und sich darum Bläschen bilden. Das Fett muß zischen, wenn das Steak in die Pfanne kommt. Ist das Fett nicht heiß genug, bildet sich eine braune Kruste, die den Fleischsaft im Innern des Steaks zurückhält, das Steak wird fad und zäh. Wenn das Fleisch sehr feucht ist, sollte es vorher mit Küchenpapier abgetupft werden. Wird das Steak bei großer Hitze von jeder Seite 1 Minute gebraten, ist es außen braun und – bei 2 Zentimeter Dicke – innen noch **blutig.** Wer es lieber rosa (medium) mag, muß auf mittlere Hitze zurückschalten und von jeder Seite noch 1–2 Minuten braten. Hilfreich ist die Garprobe: Finger einfach auf das Fleisch drücken; kommt die Delle wieder heraus, ist das Fleisch **medium** gebraten. Länger als fünf Minuten sollte man nicht braten, das Fleisch wird dann zäh. Vor dem Braten von Rumpsteaks muß die Fettschicht eingeschnitten werden, da sich das Fleisch beim Braten sonst wellig zusammenzieht. Gewürzt werden Steaks erst nach dem Braten.

6 Nach dem Steak die Zwiebeln

Gebratene Steaks aus der Pfanne nehmen und warm stellen (am besten in Alufolie wickeln). Überschüssiges Bratfett abgießen, ein Stück Butter oder Margarine in der Pfanne zerlaufen lassen und die vorbereiteten Zwiebeln bei milder Hitze bräunen; dabei öfter umrühren.

7 Ohne Messer kein Steak-Genuß

Das Steak kann noch so schön gebraten sein – wenn man mit einem stumpfen Messer darauf herumsäbelt, schmeckt es nicht mehr. Das ideale Steakmesser ist spitz und scharf. Es sollte auf keinen Fall Sägezähne haben (und ist auch für andere Fleischgerichte noch gut zu gebrauchen). Auf jeden Fall braucht man in der Küche scharfe Messer, nicht nur zum Zwiebelschneiden, sondern auch, um den Fettrand am Rumpsteak vor dem Braten einzukerben.

8 Und das schmeckt zum Steak

Steaks werden immer erst nach dem Braten gesalzen – tut man es vorher, zieht das Salz den Fleischsaft heraus und das Fleisch wird nicht knusprig-braun, sondern zäh. Auch die anderen Gewürze kommen jetzt erst dazu: Pfeffer- und Kräuterbutter, die auf dem Steak verläuft, und frisch geriebener (oder geschabter) Meerrettich. Zum Steak passen Brot, Pommes frites oder Ofenkartoffeln (siehe Rezept), die mit Kräuterbutter oder Crème fraîche gefüllt werden. Als Gemüsebeilage schmecken gebackene Tomaten. Außerdem läßt sich schnell eine Sauce bereiten: Einfach zum Bratensatz in die Pfanne soviel Wasser (Rot- oder Weißwein, Sherry, Fleischbrühe) zugießen, bis der Pfannenboden zwei Millimeter hoch bedeckt ist, Flüssigkeit aufschäumen lassen und mit Salz und Pfeffer würzen, evtl. etwas Butter, Sahne oder Crème fraîche zugeben.

Zum Würzen: Pfefferbutter, Kräuterbutter oder Meerrettich

Filetsteaks mit grünen Bohnen

Für 4 Portionen:
500 g grüne Bohnen
3 Zwiebeln (120 g)
4 Filetsteaks (à 180 g)
2 El Öl, Salz
Pfeffer (a.d. Mühle)
20 g Butter oder Margarine
200 g Crème fraîche
1 El helles Saucenbindemittel
1/2 Bund glatte Petersilie

1. Die Bohnen waschen, putzen und schräg in Scheiben schneiden. Die Bohnen in kochendes Salzwasser geben und 7 Minuten vorgaren.

2. Inzwischen die Zwiebeln pellen und würfeln. Die Steaks im heißen Öl von jeder Seite braten. Steaks salzen, pfeffern (in Alufolie wickeln) und warm stellen.

3. Das Fett in der Pfanne schmelzen. Die Zwiebelwürfel dazugeben und offen bei mittlerer Hitze 2 Minuten dünsten.

4. Die Bohnen abgießen und 1/8 l Bohnenwasser auffangen. Bohnen, Bohnenwasser und Crème fraîche zu den Zwiebeln geben. Saucenbindemittel einstreuen, aufkochen lassen und mit Salz und Pfeffer abschmecken. Die Petersilie hacken, darüberstreuen und mit den Steaks anrichten.

Zubereitungszeit: 50 Minuten
Pro Portion etwa 38 g E, 32 g F, 13 g KH = 522 kcal (2189 kJ)

Lammkoteletts mit Blattspinat und Möhrenstreifen

Für 4 Portionen:
750 g Blattspinat
Salz
250 g Möhren
3 Zwiebeln
1–2 Knoblauchzehen
8 Lammkoteletts (einfach geschnitten, ca. 500 g)
30 g Butterschmalz
Pfeffer (a.d. Mühle)
3 El Sojasauce
3 El Weißwein
2 Tl Speisestärke
1/4 l Brühe (Instant)

1. Den Spinat von den Stielen zupfen und waschen. In kochendem Salzwasser 5 Minuten blanchieren, dann in Eiswasser abschrecken.

2. Den Spinat abtropfen lassen, ausdrücken und grob hacken. Die Möhren schälen, waschen und in Streifen schneiden. Die Zwiebeln pel-

len und in Ringe schneiden, den Knoblauch pellen und in feine Würfel schneiden.

3. Die Lammkoteletts in heißem Butterschmalz von jeder Seite 3–4 Minuten braten, mit Salz und Pfeffer würzen (in Alufolie wickeln) und warm stellen.

4. Die Zwiebeln, Knoblauch und Möhren in dem Bratfett andünsten. Sojasauce, Wein und Speisestärke glattrühren und in die Pfanne geben.

5. Die Brühe zugeben und alles zugedeckt 10 Minuten garen. Spinat zugeben, mit Salz und Pfeffer würzen und mit den Lammkoteletts servieren.

Zubereitungszeit: 1 Stunde
Pro Portion etwa 24 g E, 18 g F, 8 g KH = 312 kcal (1310 kJ)

Steak in Pfeffersauce

Für 4 Portionen:
1 Zwiebel (50 g)
4 Rumpsteaks (à 180 g)
30 g Butterschmalz
2 Tl grüner Pfeffer (a.d. Glas)
250 ml Rinderfond
4 El Crème fraîche
1–2 Tl körniger Senf
Salz
Pfeffer (a.d. Mühle)
2 El Cognac

1. Die Zwiebel pellen und fein würfeln. Die Steaks im heißen Butterschmalz von beiden Seiten je 1–2 Minuten kräftig braten. Das Fleisch in Alufolie wickeln und warm halten.

2. Die Zwiebelwürfel im Bratfett andünsten, den grünen Pfeffer zugeben und mit dem Fond ablöschen.

3. Den Fond bei starker Hitze einkochen. Crème fraîche und den Senf zugeben und aufkochen. Die Sauce mit Salz, Pfeffer und Cognac würzen und zu den Steaks servieren.

Zubereitungszeit: 20 Minuten
Pro Portion etwa 34 g E, 46 g F, 2 g KH = 605 kcal (2531 kJ)

Putenschnitzel mit Bundmöhren

Für 4 Portionen:
3 Eier
2 Bund Möhren
Salz
4 Putenschnitzel (à 150 g)
6 El Öl
Pfeffer (a.d. Mühle)
100 g gesalzene Erdnüsse
50 g Butter oder Margarine

1. Die Eier in Wasser 10 Minuten kochen. Die Möhren putzen und etwas von dem jungen Grün beiseite legen.

2. Die Möhren waschen und in Salzwasser 8–10 Minuten kochen.

3. Die Putenschnitzel im heißen Öl von jeder Seite 3–4 Minuten braten, mit Pfeffer und Salz würzen.

4. In der Zwischenzeit die Eier abschrecken, pellen und mit dem Eierschneider würfeln.

Die Erdnüsse grob hacken und in dem zerlassenen Fett anrösten. Das Möhrengrün grob hacken und zusammen mit den Eiwürfeln zu den Erdnüssen geben.

5. Die Möhren abtropfen lassen, mit der Eimischung und Fleisch anrichten.

Zubereitungszeit: 40 Minuten
Pro Portion etwa 49 g E, 43 g F, 10 g KH = 660 kcal (2767 kJ)

Rumpsteaks mit Bohnenpüree

Für 4 Portionen:
200 g getrocknete weiße Bohnen
2 Knoblauchzehen
75 g Butter oder Margarine
1 Bund glatte Petersilie
Salz
Pfeffer (a.d. Mühle)
4 Rumpsteaks (à 150 g)
2 El Öl

1. Die Bohnen in 3/4 l Wasser zugedeckt 1 1/2–2 Stunden kochen. Den Knoblauch pellen und zusammen mit dem Fett zu den Bohnen geben.

2. Die Bohnen mit dem Schneidstab des Handrührers pürieren. Die Petersilie hacken und einige Blätter beiseite legen. Das Bohnenpüree mit der Petersilie, Salz und Pfeffer würzen.

3. Die Steaks in heißem Öl von jeder Seite scharf anbraten, dann salzen und pfeffern. Das Bohnenpüree auf die Steaks streichen.

4. Das Fleisch in eine feuerfeste Form legen und im vorgeheizten Backofen bei 225 Grad (Gas 4) auf der 2. Einschubleiste von unten 8–10 Minuten überbacken.

5. Die Steaks mit den restlichen Petersilienblättern garnieren.

Zubereitungszeit: 2 Stunden
Umluft: nicht empfehlenswert
Pro Portion etwa 42 g E, 34 g F, 25 g KH = 605 kcal (2531 kJ)

Lammkoteletts mit Kräuterschmand

Für 4 Portionen:
4 doppelte Lammkoteletts (à 200 g)
3 EL Öl
Salz
Pfeffer (a.d. Mühle)
2 Tl Bouquet de Provence (in Pflanzenöl)
1–2 Tl Senf
1 Becher Schmand (250 g)

1. Die Lammkoteletts an den Rändern einschneiden. Die Koteletts im heißen Öl von jeder Seite jeweils 3–4 Minuten braten, dann salzen und pfeffern.

2. Das Fleisch aus der Pfanne nehmen (in Alufolie wickeln) und heiß halten. Die Kräuter mit Senf und Schmand verrühren. Den Bratensud aus der

Pfanne zugießen und unterrühren.

3. Die Sauce mit Salz und Pfeffer abschmecken und zu den Koteletts servieren.

Dazu passen Tomatensalat und Baguette.

Zubereitungszeit: 15 Minuten
Pro Portion etwa 30 g E, 47 g F, 2 g KH = 583 kcal (2442 kJ)

Lammkotelett mit dicken Bohnen

Für 1 Portion:
1 Zwiebel
1 doppeltes Lammkotelett (200 g)
2 El Öl, Salz
Pfeffer (a.d. Mühle)
50 ml Schlagsahne
1/2 Paket dicke Bohnen (TK, 150 g)
2 Stengel glatte Petersilie

1. Die Zwiebel pellen, halbie-

ren, in halbe Ringe schneiden. Die Fettkante des Lammkoteletts mehrfach einschneiden.

2. Das Fleisch in einer Pfanne in heißem Öl etwa 3 Minuten von jeder Seite kräftig braten, mit Salz und Pfeffer würzen. Das Kotelett in Alufolie wickeln.

3. Die Zwiebelringe im Bratfett andünsten. Die Sahne und die dicken Bohnen zugeben und zugedeckt 5 Minuten bei mittlerer Hitze garen.

4. Inzwischen die Petersilie hacken. Das Bohnengemüse mit Pfeffer und Salz abschmecken, die Petersilie unterheben. Das Lammkotelett mit dem Gemüse anrichten. Dazu paßt Baguette.

Zubereitungszeit: 25 Minuten
Insgesamt etwa 42 g E, 63 g F, 31 g KH = 900 kcal (3767 kJ)

Filetsteak mit Erbsensauce

Für 1 Portion:
4 kleine Kartoffeln (200 g)
20 g Sesamsaat (geschält)
20 g Butter oder Margarine
100 g Erbsen (TK)
1 Tl Sojasauce
1 Msp. Sambal oelek
3 El Crème fraîche
Salz
Pfeffer (a.d. Mühle)
1 Filetsteak (ca. 150 g)
20 g Butterschmalz
etwas gehackte Petersilie

1. Die Kartoffeln in der Schale garen. Den Sesam im zerlassenen Fett goldbraun rösten.

Die Erbsen zugedeckt 5 Minuten mitdünsten.

2. Die Sojasauce, Sambal oelek und Crème fraîche zu den Erbsen geben und alles mit dem Schneidstab des Handrührers pürieren. Die Sauce mit Salz und Pfeffer abschmecken.

3. Das Filetsteak von beiden Seiten im heißen Butterschmalz ca. 3 Minuten von jeder Seite braten, mit Salz und Pfeffer würzen.

4. Die Kartoffeln pellen, zum Fleisch geben und kurz mitbraten.

5. Die Kartoffeln mit Petersilie bestreuen und mit dem Fleisch und der Sauce anrichten.

Zubereitungszeit: 40 Minuten
Insgesamt etwa 45 g E, 58 g F, 45 g KH = 897 kcal (3761 kJ)

Filetsteaks mit Rote-Bete-Hollandaise

Für 4 Portionen:
4 Filetsteaks (à 180 g)
30 g Butterschmalz
Salz
Pfeffer (a.d. Mühle)
1 Paket Sauce Hollandaise
1/8 l Rote-Bete-Saft
(a.d. Reformhaus)
30 g Kapern
125 g Butter
etwas Dill

1. Die Filetsteaks im heißen Butterschmalz von jeder Seite 3 Minuten braten, mit Salz und Pfeffer würzen, in Alufolie wickeln und warm stellen.

2. Das Saucenpulver mit dem Rote-Bete-Saft und den Kapern mit Flüssigkeit in einem Topf bei milder Hitze aufschlagen.

3. Die Butter in Würfel schneiden und nach und nach unterrühren.

4. Die Sauce mit Salz und Pfeffer würzen und zu den Steaks servieren. Mit Dill garnieren. Dazu paßt Rote Bete.

Zubereitungszeit: 20 Minuten
Pro Portion etwa 37 g E, 65 g F, 5 g KH = 781 kcal (3281 kJ)

2. Kapitel
GESCHNETZELTES

Kalbsgeschnetzeltes mit Pilzen schmeckt besonders gut mit Spätzle und Feldsalat. Rezept Seite 20

GESCHNETZELTES

1 Welches Fleisch wird geschnetzelt?

Für „Geschnetzeltes" braucht man ähnliche Fleischsorten wie für Steaks: **zartes, feinfaseriges Muskelfleisch** ohne Fett und Sehnen. Aber weil das Fleisch „geschnetzelt", das heißt in kleine mundgerechte und gleichmäßig dicke Streifen geschnitten wird, ist man nicht nur auf großflächige **Steaks** aus dem **Filet** oder aus dem Rücken angewiesen (obwohl diese Stücke natürlich am bequemsten zu verarbeiten sind). Man kann auch Abschnitte wie zum Beispiel **Filetspitzen** nehmen und sogar Stücke aus der **Keule** oder der **Schulter**, wenn sie entsprechend präpariert werden (Fotos unten). Zum Schnetzeln eignen sich außer Rind- und Kalbfleisch auch Schweinefleisch und Geflügel sowie nicht zu sehnige Stücke von Hirsch, Reh und Wildschwein. Auch Leber und Nieren lassen sich so gut zubereiten.

Schnell in der Pfanne zubereitet: Geschnetzeltes

Kalbsgeschnetzeltes mit Pilzen

(Zum Foto von Seite 19)
Für 4 Portionen:
15 g Steinpilze (getrocknet)
1 Zwiebel
250 g Champignons
600 g Kalbsfilet
30 g Butterschmalz
100 ml Schlagsahne
Salz
Pfeffer (a. d. Mühle)

1. Die Steinpilze in 3/8 l lauwarmen Wasser 30 Minuten einweichen. Zwiebel halbieren, in halbe Ringe schneiden. Champignons putzen, evtl. abbrausen, in Scheiben schneiden. Kalbfleisch schnetzeln.

2. Butterschmalz in einer Pfanne erhitzen, Fleisch darin portionsweise anbraten, warm stellen. Im Bratfett Zwiebel und Champignons andünsten, herausnehmen. Bratensatz mit dem Einweichwasser der Pilze ablöschen, Steinpilze zugeben, Sauce etwas einkochen lassen. Sahne zugießen, etwas einkochen lassen. Fleisch, Zwiebeln und Pilze zugeben, salzen und pfeffern. Dazu passen Spätzle und Salat.

Zubereitungszeit: 45 Minuten
Pro Portion etwa 34 g E, 18 g F, 2 g KH = 320 kcal (1341 kJ)

2 Zum Schnetzeln: Messer schärfen!

Wer Geschnetzeltes zubereiten will, braucht zunächst einmal ein gutes, **scharfes Messer** – eine Investition, die sich für viele Küchenarbeiten lohnt. Dabei empfiehlt es sich, auf Qualität zu achten und nicht irgendein Messer aus dem Sonderangebot zu wählen. Küchenprofis benutzen Messer mit einer langen Klinge aus rostfreiem Stahl. Es ist nicht zu leicht und mit einem Heft, das fest vernietet in den Griff eingelassen ist. Beim Kauf sollte man testen, ob es gut in der Hand liegt. Stumpfe Messer lassen sich mit einem Wetzstahl schärfen.
Zunächst wird das Fleisch mit einem scharfen Messer von allen Sehnen und Häuten (Foto unten) befreit. Dann wird das Fleisch in Scheiben und schließlich in Streifen geschnitten, die etwa streichholzlang sind und einen Zentimeter Durchmesser haben (Foto unten). Das Fleisch kann auch noch dünner geschnetzelt werden – wichtig ist nur, daß alle Stücke möglichst gleichmäßig geschnitten sind, damit sie gleichzeitig gar werden. Aus dem gleichen Grund darf man auch für Geschnetzeltes niemals mehrere Fleischsorten mischen.

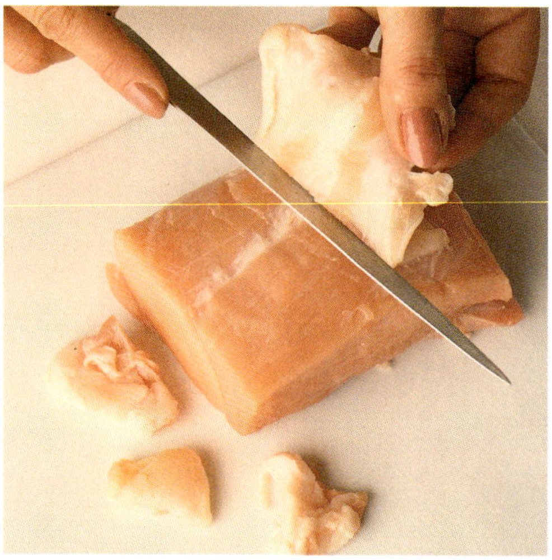

Zuerst Häute und Sehnen entfernen

Fleisch gleichmäßig schneiden

3 Fleisch in kleinen Portionen anbraten

Die Fleischstücke müssen vor dem Braten trockengetupft werden, damit sie schnell eine braune Kruste beim Braten bekommen. Sie können sogar leicht mit Mehl bestäubt werden, um richtig kroß zu werden; dies gilt besonders für Leber und Nieren. Zum Anbraten nimmt man eine große Pfanne und, wie beim Steak, ein Fett, das sich hoch erhitzen läßt wie Butterschmalz, Pflanzenfett oder neutrales Öl. Der Boden der Pfanne soll gerade gut bedeckt sein, und das Fett muß so heiß sein, daß es zischt,

Fleisch portionsweise anbraten

wenn man ein Fleischstückchen hineinlegt (zur Probe erst ein Stück Fleisch in die Pfanne geben). Man gibt nur soviel Geschnetzeltes auf einmal in die Pfanne, daß jeder Streifen einzeln im Fett liegt (Foto oben) und brät es unter Wenden schnell von allen Seiten braun, innen muß es noch leicht rosa sein. Dann wird das Fleisch herausgenommen (Fett abtropfen lassen) und die nächste Portion angebraten. Liegen die Fleischstücke zu dicht nebeneinander in der Pfanne, tritt der Fleischsaft aus und das Fleisch kocht, statt zu braten. Zäh wird es auch, wenn das Fleisch bereits beim Braten gesalzen wird. Deshalb immer erst nach dem Braten würzen.

Alle Zutaten vor Bratbeginn bereitstellen, die Pilze einweichen

4 Zutaten für die Sauce bereitstellen

Geschnetzeltes ist immer ein Schnellgericht – es soll nicht lange schmoren, sondern nur eben gar gebraten sein. Deshalb müssen alle Zutaten für die Sauce vorher bereitgestellt werden. Zum Angießen nimmt man – je nach Rezept und Geschmack – Brühe (selbstgekocht oder ein Instant-Produkt), Sahne, Crème fraîche oder das Einweichwasser von Trockenpilzen. **Man rechnet für 4 Portionen etwa 500 bis 600 Gramm Fleisch und insgesamt 1/4 bis 1/2 Liter Flüssigkeit**, je nachdem, wieviel Sauce man haben möchte. Bevor man die Sauce auffüllt, werden im Bratfett die feingehackten Zwiebeln, blättrig geschnittene Champignons oder andere Gemüse angeschmort. Eventuell muß zum Braten noch etwas Butter oder Margarine zugegeben werden. Die Trockenpilze 30 Minuten vorher in warmem Wasser einweichen, danach abtropfen lassen und im Bratfett schmoren.

5 Sauce einkochen oder andicken?

Wenn das Fleisch und alle anderen Zutaten angebraten (und warm gestellt) sind, kann die **Sauce** entstehen. Zuerst wird der Bratensatz in der Pfanne mit soviel Wasser oder Wein abgelöscht, bis der Boden zwei, drei Millimeter bedeckt ist. Dann kräftig mit einem Kochlöffel oder Schneebesen rühren, bis alle braunen Rückstände am Pfannenboden gelöst sind. Die Flüssigkeit dann bei großer Hitze etwas einkochen lassen. Wer nur wenig Sauce haben möchte, gibt nur noch etwas Sahne oder

Crème fraîche hinzu und läßt alles wieder etwas einkochen. Wer reichlich Sauce bevorzugt, füllt mit Brühe oder dem Einweichwasser von den Pilzen auf und gibt, wenn die Sauce wieder kocht, Saucenbindemittel zu, etwa 1 Eßlöffel voll auf 1/4 l Sauce (Foto oben). Die Sauce unter Rühren wieder aufkochen und mit allen Zutaten vermengen, mit Salz, Pfeffer oder anderen Gewürzen abschmecken.

6 Geschnetzeltes auf viele Arten

Hühnerbrustfilet oder **Putenfleisch** können an Stelle von **Kalbfleisch** für das Rezept „Kalbsgeschnetzeltes“ (siehe Foto Seite 19 und links) verwendet werden. Weil das Geflügelfleisch weniger Eigengeschmack entwickelt, sollte ein Schuß Weißwein dazugegeben werden.

Bœuf Stroganoff aus Geschnetzeltem vom **Rind** wird nach dem gleichen Prinzip zubereitet: mit frischen Champignons, Zwiebeln und einer fein geschnittenen Salzgurke als Würze. Zum Aufgießen nimmt man einen Becher Sauerrahm mit 1 Teelöffel Mehl verrührt (gut durchkochen lassen, keine Saucenbindemittel nehmen).

Schweinegeschnetzeltes kann wie Bœuf Stroganoff gemacht werden, aber es schmeckt auch gut mit feingeschnittener Paprikaschote und Tomatenpüree oder Möhren, Porree und Sellerie, ebenfalls fein geschnitten.

Geschnetzeltes ist noch zarter und schmeckt feiner, wenn es einige Zeit (mindestens eine Stunde) mariniert wird. Als **Marinade** schmeckt zum Beispiel eine Sauce aus 4 Eßlöffeln Sojasauce, 2 Eßlöffeln Rotwein und 1 Eßlöffel Stärke.

Hähnchenragout mit Sojasprossen

Für 4 Portionen:
750 g Hähnchenbrustfilet
150 g Sojasprossen
1 Zwiebel
50 g Butterschmalz
Salz
Pfeffer (a.d.Mühle)
30 g Mehl
3/8 l Brühe (Instant)
1–2 El Zitronensaft
3 El Weißwein
1 Eigelb
1/8 l Schlagsahne
1 Bund Schnittlauch

1. Das Hähnchenbrustfilet in kleine Stücke schneiden. Die Sojasprossen waschen und putzen. Die Zwiebel pellen und würfeln.

2. Das Butterschmalz in einer Pfanne erhitzen, das Hähnchenfleisch darin portionsweise ringsherum etwa 3 Minuten anbraten. Mit Salz und Pfeffer würzen. Das Fleisch aus der Pfanne nehmen.

3. Die Zwiebelwürfel in die Pfanne geben und in dem Bratfett andünsten. Das Mehl darüberstäuben, kurz anschwitzen und mit der Brühe ablöschen.

4. Die Sauce mit Zitronensaft, Weißwein, Salz und Pfeffer würzen. Die Sojasprossen zugeben und 5 Minuten garen.

5. Das Fleisch in die Sauce geben. Das Eigelb mit der Sahne verrühren, zum Fleisch geben und mit den Schnittlauchröllchen bestreuen.

Zubereitungszeit: 45 Minuten
Pro Portion etwa 48 g E, 26 g F, 9 g KH
= 496 kcal (2075 kJ)

Rindergeschnetzeltes in Kapernsauce

Für 2 Portionen:
30 g Reis
Salz
200 g Rinderfilet
200 g Zwiebeln
1 El Öl
200 ml Gemüsebrühe
1 El Crème fraîche
1 El dunkles Saucenbindemittel
20 g Kapern
1 Tl Zitronensaft
Pfeffer (a.d. Mühle)
1 Bund Petersilie
10 g Butter oder Margarine

1. Den Reis in kochendes Salzwasser geben und etwa 20 Minuten ausquellen lassen.

2. In der Zwischenzeit das Rinderfilet in Streifen schneiden. Die Zwiebeln pellen und in halbe Ringe schneiden.

3. Das Rinderfilet in dem heißen Öl rundherum anbraten, aus der Pfanne nehmen und warm stellen. Die Zwiebeln in

die Pfanne geben und glasig dünsten.

4. Mit der Gemüsebrühe auffüllen, Crème fraîche zugeben und aufkochen lasssen. Das Saucenbindemittel einstreuen und nochmals aufkochen lassen.

5. Die Kapern, den Zitronensaft und das Fleisch in die Sauce geben, mit Salz und Pfeffer würzen und heiß werden lassen.

6. Die Petersilie fein hacken. Mit dem Fett unter den abgetropften Reis rühren und mit dem Rindergeschnetzelten anrichten.

Zubereitungszeit: 25 Minuten
Pro Portion etwa 23 g E, 18 g F, 21 g KH = 350 kcal (1466 kJ)

Kalbsleberstreifen mit Champignons

Für 4 Portionen:
500 g Champignons
2 Zwiebeln
1 Knoblauchzehe
1 Bund Frühlingszwiebeln
500 g Kalbsleber
30 g Butterschmalz
2–3 El Weißwein
75 ml Brühe (Instant)
1 Tl Saucenbindemittel
Salz
Pfeffer (a.d. Mühle)
Zucker

1. Die Champignons waschen, trockentupfen und vierteln. Die Zwiebeln und den Knoblauch pellen und fein würfeln. Die Frühlingszwiebeln putzen, waschen und schräg in breite Ringe schneiden. Die Leber waschen, trockentupfen und in gleichmäßige Streifen schneiden.

2. Die Leberstreifen unter Wenden in heißem Butterschmalz anbraten, dann mit der Schaumkelle aus der Pfanne nehmen.

3. Die Zwiebeln im Bratfett andünsten, dann Champignons und Knoblauch zugeben und so lange dünsten, bis die Flüssigkeit fast verdampft ist.

4. Den Weißwein und die Brühe zugießen, Frühlingszwiebeln zugeben und aufkochen lassen. Das Saucenbindemittel zugeben, nochmals aufkochen lassen.

5. Die Leberstreifen wieder in die Pfanne geben und erhitzen. Mit Salz, Pfeffer und Zucker abschmecken und portionsweise anrichten.

Dazu paßt Kartoffelpüree.

Zubereitungszeit: 35 Minuten
Pro Portion etwa 29 g E, 13 g F, 11 g KH = 273 Kcal (1139 kJ)

Hähnchenragout mit Kohlrabi

Für 4 Portionen:
250 g Zwiebeln
750 g Kohlrabi
30 g Butter oder Margarine
20 g Mehl
1/4 l Brühe (Instant)
1/4 l Schlagsahne
500 g Hähnchenbrustfilets
2 El Zitronensaft
Salz
Pfeffer (a.d. Mühle)
1 El Worcestershiresauce
1 Eigelb
1 Bund Basilikum

1. Die Zwiebeln pellen, vierteln und in dünne Scheiben schneiden. Den Kohlrabi schälen, vierteln und in dünne Scheiben schneiden.

2. Die Zwiebeln und den Kohlrabi im Fett glasig dünsten. Das Mehl darüberstäuben und kurz anschwitzen.

3. Die Brühe und die Sahne zugießen und alles zugedeckt 10 Minuten sanft kochen.

4. Inzwischen die Hähnchenfi-

lets würfeln, zugeben und zugedeckt weitere 10 Minuten garen.

5. Das Ragout mit Zitronensaft, Salz, Pfeffer und Worcestershiresauce kräftig würzen. Das Eigelb mit 2 El Wasser verquirlen und unter die Sauce rühren. Nicht mehr kochen lassen.

6. Den Basilikum hacken und darüberstreuen.
Dazu paßt Reis.

Zubereitungszeit: 50 Minuten
Pro Portion etwa 36 g E, 29 g F, 11 g KH = 470 kcal (1966 kJ)

Schweinegeschnetzeltes mit Paprika

Für 4 Portionen:
200 g Zwiebeln
1 rote Paprikaschote
1 grüne Paprikaschote
650 g Schweinefilet
40 g fetter Speck
Salz
Pfeffer (a.d. Mühle)
2 El Paprikamark
1 El Mehl
1/4 l saure Sahne
Paprikapulver (edelsüß)
Chilipulver
1 Tl Zitronensaft

1. Die Zwiebeln pellen und würfeln. Die Paprika vierteln, putzen, waschen und quer in Streifen schneiden. Das Schweinefilet in dicke Streifen schneiden.

2. Den Speck würfeln und in einer großen Pfanne ausbraten.

Das Fleisch dazugeben und anbraten, dann aus der Pfanne nehmen und mit Salz und Pfeffer würzen.

3. Die Zwiebeln ins Bratfett geben und anbraten. Das Paprikamark zugeben und andünsten. Das Mehl mit saurer Sahne verrühren und unter Rühren daruntermischen.

4. Das Fleisch mit Saft wieder in die Pfanne geben, mit Salz, Paprika, Chili und Zitronensaft abschmecken.
Dazu paßt Reis oder Baguette.

Zubereitungszeit: 35 Minuten
Pro Portion etwa 34 g E, 31 g F, 13 g KH = 496 kcal (2075 kJ)

Entenbrust süß-sauer

Für 2 Portionen:
2 Entenbrustfilets (ca. 600 g)
4 El Sojasauce
2 El Rotweinessig
2 Tl Speisestärke
1 Msp. Sambal oelek
1 Bund Frühlingszwiebeln
100 g Sojasprossen
1 kl. Dose Ananasscheiben
30 g Gänseschmalz

1. Die Entenbrüste häuten und das Fleisch in dünne Scheiben

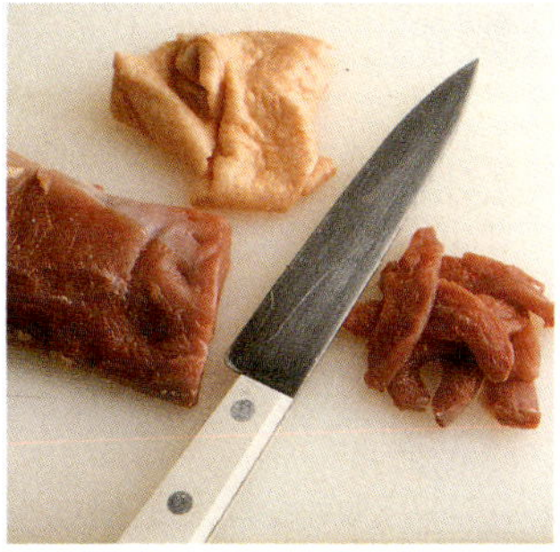

schneiden. Die Sojasauce mit dem Rotweinessig und der Stärke glattrühren, mit Sambal oelek würzen und das Fleisch darin über Nacht marinieren.

2. Die Frühlingszwiebeln putzen, waschen und schräg in Ringe schneiden. Die Sojasprossen waschen, evtl. verlesen. Die Ananas in mundgerechte Stücke schneiden.

3. Das Gänseschmalz in einer Pfanne erhitzen. Das Fleisch mit der Marinade zugeben und unter raschem Wenden 3 Minuten rundherum braten.

4. Die Frühlingszwiebeln, Sojasprossen und Ananas zum Fleisch geben und 5 Minuten mitgaren.

5. Nach Belieben mit Sojasauce und Sambal oelek nachwürzen.
Dazu paßt Reis.

Zubereitungszeit: 30 Minuten
Pro Portion etwa 57 g E, 64 g F, 34 g KH = 992 kcal (4151 kJ)

Lammcurry

Für 4 Portionen:
200 g Zwiebeln
1,2 kg Lammkeule (entbeint)
30 g Butterschmalz
2 El milder Curry
1/4 l Brühe (Instant)
200 g Crème fraîche
4 El Weißwein
2 El dunkles Saucenbindemittel
Salz, Pfeffer (a.d.Mühle)

1. Die Zwiebeln pellen und fein würfeln. Das Fleisch von Fett und Sehnen befreien und in Würfel schneiden.

2. Das Fleisch im sehr heißen Butterschmalz rundherum braun anbraten. Die Zwiebeln zugeben und glasig dünsten.

3. Curry darüberstäuben, nur kurz anschwitzen und sofort mit der Brühe ablöschen. Das Fleisch ca. 1 Stunde schmoren lassen.

4. Crème fraîche und Weißwein zugießen und alles zum Kochen bringen. Das Saucenbindemittel einstreuen, nochmals aufkochen lassen, mit Salz, Pfeffer und evtl. mit etwas Curry nachwürzen.
Dazu passen Blattspinat und Reis.

Zubereitungszeit: 1 1/2 Stunden
Pro Portion etwa 46 g E, 55 g F, 9 g KH = 744 kcal (3114 kJ)

Kasseler-Möhren-Ragout

Für 1 Portion:
200 g Möhren
1 Zwiebel
20 g Butter oder Margarine
100 ml Brühe (Instant)
100 ml Schlagsahne
150 g Kasseler
(ohne Knochen)
1 El helles Saucenbindemittel
1/2 Bund Petersilie
1/2 Bund Schnittlauch
Pfeffer (a.d. Mühle)

1. Die Möhren schälen und schräg in dünne Scheiben schneiden. Die Zwiebel pellen, würfeln und im zerlassenen Fett glasig dünsten.

2. Die Möhren zugeben und andünsten. Die Brühe und die Sahne zugießen und zugedeckt 5 Minuten bei schwacher Hitze kochen lassen.

3. Das Fleisch in feine Streifen schneiden. Den Gemüsesud mit dem Saucenbindemittel

aufkochen. Das Fleisch dazugeben und bei milder Hitze 5 Minuten ziehen lassen.

4. Die Petersilie fein hacken, den Schnittlauch in feine Röllchen schneiden, beides in die Sauce geben. Das Geschnetzelte mit Pfeffer abschmecken. Dazu passen Salzkartoffeln.

Zubereitungszeit: 25 Minuten
Insgesamt etwa 37 g E, 75 g F, 24 g KH = 950 kcal (3981 kJ)

Sojasprossen-Pfanne

Für 4 Portionen:
3 El Sherry
3–4 El Sojasauce
2 El Zitronensaft
1 El Speisestärke
Pfeffer (a.d. Mühle)
500 g Schweinefilet
125 g Sojasprossen
1 rote Paprikaschote
1 Dose Bambussprossen in Streifen (335 g EW)
30 g Butterschmalz
1/8 l Hühnerbrühe (Instant)
1 Bund Petersilie

1. Aus 2 El Sherry, 2 El Sojasauce, 1 El Zitronensaft, Speisestärke und Pfeffer eine Marinade rühren. Das Schweinefilet in Streifen schneiden und darin 1 Stunde marinieren.

2. In der Zwischenzeit die Sojasprossen verlesen und waschen. Die Paprika vierteln, putzen, waschen und quer in Streifen schneiden. Die Bambussprossen in einem Sieb abspülen und abtropfen lassen.

3. Das Fleisch auf ein Sieb geben, abtropfen lassen und die Marinade auffangen.

4. Die Fleischstreifen portionsweise in dem heißen Butterschmalz anbraten. Das Fleisch herausnehmen.

5. Die Paprikastreifen und die Bambussprossen in die Pfanne geben und im Bratfett andünsten. Mit der Brühe und Marinade löschen und 5 Minuten bei mittlerer Hitze kochen.

6. Das Fleisch und die Sojasprossen zugeben. Mit dem restlichen Sherry, Sojasauce, Zitronensaft und Pfeffer abschmecken. Einmal aufkochen lassen und mit gehackter Petersilie bestreuen.

Zubereitungszeit: 45 Minuten
Pro Portion etwa 28 g E, 20 g F, 10 g KH = 353 kcal (1477 kJ)

3. Kapitel
SCHWEINEBRATEN

Kasselerrücken bleibt mit einer Senfkruste besonders saftig. Dazu passen Rosenkohl und kleine, in Butter kroß gebratene Röstkartoffeln.
Rezept Seite 32

SCHWEINEBRATEN

Spätestens beim Anblick wächst der Appetit auf ein Stück Schweinebraten: Gut gelungen ist er, wenn die Schwarte braun und knusprig und das Fleisch saftig, zart und pikant gewürzt ist

Kasselerrücken mit Senfkruste

(Zum Foto von Seite 31)
Für 4 Portionen:
4 El mittelscharfer Senf
1 El Zucker
3 El Semmelbrösel
1 El Öl
1 kg Kasselerrücken (ohne Knochen)

1. Den Senf, Zucker, Semmelbröseln und Öl zu einer streichfähigen Masse verrühren. Den Kasselerrücken damit gleichmäßig einstreichen.

2. Den Braten bei 180 bis 200 Grad (Umluft gleiche Einstellung, gleiche Zeit; Gas 2–3) auf dem Rost mit der Saftpfanne darunter im Backofen auf der 2. Einschubleiste von unten etwa 50 Minuten garen. Den Kasselerrücken dann in Scheiben schneiden. Dazu passen Rosenkohl und Röstkartoffeln.

Zubereitungszeit: 1 Stunde
Pro Portion etwa 54 g E, 46 g F, 10 g KH = 714 kcal (2992 kJ)

1 Schweinebraten mit krosser Schwarte

„Es wird mit Recht ein guter Braten gerechnet zu den guten Taten", sagte schon Wilhelm Busch, und auch heute noch löst der Duft und der Anblick eines saftigen Schweinebratens mit einer goldbraunen, knusprigen Schwartenkruste Begeisterung aus. Es lohnt sich deshalb, auf solch einen Schwartenbraten ein wenig Aufmerksamkeit und Mühe zu verwenden – so schlimm ist es übrigens gar nicht.

Die besten Stücke für solch einen Braten werden aus der **Keule** geschnitten, **ein Kilogramm** sollten sie mindestens schwer sein, das **reicht für vier Portionen.** Noch saftiger und besser wird der Braten von einem größeren Stück, immer mit entsprechend großem Schwartenanteil. Ein großer Braten ist ideal, wenn Gäste kommen, bleibt ein Rest, ißt man ihn einfach als kalten Aufschnitt.

Es sollte ein **Schweinebraten** gekauft werden, der **kräftig rotes Fleisch und einen guten Fettansatz** hat. Die im Hinblick auf das Kaloriensparen stromlinienförmig gezüchteten Magerschweine, die kaum Fett unter der Schwarte haben, bleiben im Backofen trotz aller Bemühungen zäh. Außerdem: Man muß ja nicht das ganze Fett mitessen! Ein großer Teil brät übrigens bei richtiger Bratmethode heraus und kann dann von der Sauce abgeschöpft werden.

Für die **knusprige Schwarte** gibt es viele Tips, meist wird empfohlen, sie gleich beim Metzger rautenförmig einschneiden zu lassen. Denn im rohen Zustand ist die Schwarte

1. Die Speckseite ankochen

2. Die Schwarte einkerben

3. Braten mit Bier begießen

oft sehr zäh, das Einkerben gelingt nur mit Mühe oder gar nicht. Deshalb lohnt ein Versuch nach folgender Methode, bei der auch der Braten gleich mitgewürzt wird: Den Braten auf der Fleischseite kräftig mit Salz und Pfeffer einreiben, mit der noch nicht eingeschnittenen Schwartenseite in einen passenden Bräter legen, der etwa zwei bis drei Millimeter hoch mit kochendem Wasser gefüllt ist. Dazu kommen ein bis zwei halbierte Zwiebeln, zwei Lorbeerblätter und einige Pfefferkörner (oder nach Belieben andere Gewürze und Kräuter). So wird der Braten bei 180 bis 200 Grad (Umluft gleiche Einstellung, gleiche Zeit; Gas 2–3) etwa 30 bis 40 Minuten auf der untersten Einschubleiste gegart (Foto 1). Danach nimmt man den Braten aus dem Ofen, dreht ihn um und kerbt jetzt die Schwarte mit der darunterliegenden Fettschicht ein (Foto 2). Fleisch mit dem Bratensaft begießen und wieder in den Ofen schieben. Jetzt braucht der Braten noch ungefähr 60 Minuten. Die Faustregel: **Das Fleisch insgesamt pro Zentimeter Höhe 10 bis 12 Minuten braten**. Dabei wird der Braten von Zeit zu Zeit mit Bratensaft oder Bier begossen, das ihn besonders knusprig macht (Foto 3).

Sollte der Braten nach dieser Zeit zwar gar sein, aber noch nicht knusprig, muß er für 5 bis 10 Minuten bei stärkerer Hitze oder unter dem Grill gebräunt werden. Doch aufpassen, damit er nicht schwarz wird.

Eine Sauce entsteht so: Den Braten herausnehmen und im ausgeschalteten Ofen warm stellen. Bratensatz mit etwas Brühe oder Wasser loskochen, dabei mit einem Pinsel oder einem Kochlöffel alle braunen Ränder abkratzen, in einen kleinen Topf durch ein Sieb umgießen, damit Kräuter und Gewürze entfernt werden. Den Bratensatz einen Augenblick stehenlassen, damit sich das Fett an der Oberfläche sammeln und es vorsichtig abschöpft werden kann. Die Sauce danach noch etwas einkochen und mit dunklem Saucenbindemittel andicken.

Den Braten mit Brühe oder Weißwein begießen

2 Gespickter Schweinebraten

Der gespickte Schweinebraten macht sich, im Gegensatz zum etwas arbeitsaufwendigen Schwartenbraten, fast von allein, denn er wird im geschlossenen Topf im Ofen geschmort. Man kann dafür **Schweinerücken** (Kotelettstrang) nehmen oder **ausgelöste Schulter**. Am besten wird er vom **Nacken,** weil dieses Stück von feinen Fettadern durchzogen ist. Für vier Portionen braucht man, je nach Knochenanteil (der den Braten saftig macht), 1 bis 1,3 kg (auch dieser Braten schmeckt kalt aufgeschnitten gut).

Mit Knoblauch spicken

Vor dem Braten wird das Fleisch mit 4 bis 6 in Stifte geschnittenen Knoblauchzehen **gespickt** (Foto), die man mit einem Messer zwischen die einzelnen Muskelstränge schiebt. Zusätzlich können noch kleine Zweige Thymian, Majoran oder Wacholderbeeren gespickt werden. Anschließend wird das Fleisch in etwas Butterschmalz oder Öl ringsum braun angebraten. Dann röstet man einige grob geschnittene Zwiebeln darin an, nach Belieben auch etwas gewürfeltes Suppengrün, bevor etwas Brühe oder Weißwein hinzugegossen wird (Foto oben). Der Schmorbraten gart im geschlossenen Topf etwa 60 Minuten bei 200 Grad (Umluft 200 Grad, Gas 3) auf der 2. Einschubleiste von unten. Bei Bedarf muß von Zeit zu Zeit etwas Flüssigkeit nachgegossen werden. Der fertige Braten sollte nicht sofort angeschnitten werden, sondern noch etwa 10 bis 15 Minuten ruhen. Würde er sofort angeschnitten werden, liefe zum großen Teil der Fleischsaft heraus. Ruht das Fleisch hingegen kurze Zeit, verteilt sich der Saft wieder gleichmäßig. Man läßt das Fleisch im ausgeschalteten Ofen ruhen, oder wickelt es dazu in Alufolie. Während der Braten ruht, wird die Sauce zubereitet: Den Bratenfond durch ein Sieb streichen oder mit dem Schneidstab des Handrührers pürieren, wenn nötig, das Fett abschöpfen und die Sauce mit Saucenbindemittel andicken. Nach Belieben mit Sahne oder Crème fraîche verfeinern und mit Salz und Pfeffer würzen.

3 Kasseler im Teig oder mit Kruste

Der Rücken ist das magerste Stück vom Schwein und wird beim Braten leicht zu trocken. Als **Kasselerrücken, gepökelt und leicht geräuchert,** ist er schon etwas vorgegart und braucht nur relativ kurze Zeit bei milder Hitze im Ofen gebraten werden. Wenn man Kasseler ausgelöst (ohne Knochen) kauft, sollte man ihn am besten in Folie oder im geschlossenen Topf mehr dünsten als braten. Würziger und saftiger wird das Fleisch, wenn man den Knochen dranläßt und den Rücken zusätzlich mit einer schützenden Kruste bedeckt, zum Beispiel einer Senfkruste (siehe Foto Seite 31, Rezept Seite 32).

Zu einem Schweinebraten schmeckt auch eine Sauce hervorragend. Dafür wird das Fleisch nicht auf dem Rost, sondern in der Saftpfanne gegart. Den Braten dazu mit der gewölbten Rippenseite nach unten in die Saftpfanne legen und mit etwas heißem Wasser angießen, bis der Boden eben bedeckt ist. Dann eine zerschnittene Zwiebel, eine Tomate und auch etwas gewürfeltes Suppengrün zugeben. Nach 15 bis 20 Minuten Garzeit etwas saure Sahne oder Crème fraîche angießen, zum Schluß den Bratensaft von der Saftpfanne mit etwas heißem Wasser oder Brühe lösen, durch ein Sieb rühren, dabei das Gemüse mit durchrühren. Die Sauce in einem Topf mit Saucenbindemittel und Sahne oder Crème fraîche aufkochen und binden.

Für Kasseler im Teigmantel: 1,5 kg Kasselerrücken von allen Seiten in heißem Butterschmalz anbraten und völlig auskühlen lassen. Inzwischen ein Paket Brotmischnung (Bauernbrot oder ähnliches) nach Vorschrift anrühren und gehen lassen. Das Backblech fetten, Teig auf diese Größe ausrollen und das Kasseler darauflegen. Den Teig mit Eiweiß bestreichen und von allen Seiten über den Braten klappen und gut andrücken. Den Teigmantel oben mit dem Messer leicht einritzen und im Ofen bei 200 Grad (Umluft 200 Grad, Gas 3) in etwa 40 Minuten backen.

Mit Senfpaste bestreichen

Kasseler in Blätterteig

Für 4–6 Portionen:
500 g Äpfel
1/4 l Weißwein
1,2 kg Kasseler
30 g Butterschmalz
1 Paket Blätterteig (TK, 300 g)
Mehl zum Ausrollen
2 Eier (getrennt)

1. Die Äpfel schälen, vierteln, die Kerngehäuse herausschneiden und das Fruchtfleisch längs in Spalten schneiden. Äpfel in kochendem Wein 1 Minute vorgaren und abtropfen lassen.

2. Kasseler mit heißem Fett begießen. Auf dem Backblech im vorgeheizten Backofen bei 225 Grad (Umluft 200 Grad, 20 Minuten; Gas 4) auf der 2. Einschubleiste von unten ungefähr 25 Minuten garen.

3. Vier aufgetaute Blätterteigplatten übereinanderlegen und auf der bemehlten Arbeitsfläche entsprechend der Größe des Fleisches ausrollen.

4. Das ausgekühlte Fleisch auf den Teig legen. Die Apfelspalten darumschichten und den Teig darüberschlagen. Die Nahtstellen mit Eiweiß zusam-

menkleben und aufeinanderdrücken. Das Kasseler auf ein kalt abgespültes Backblech legen.

5. Aus der restlichen Teigplatte kleine Kreise ausstechen und mit Eiweiß auf das Blätterteigpaket kleben. Den Teig mehrmals mit einer Gabel einstechen.

6. Eigelb mit 1 El Wasser verquirlen und den Teig damit bestreichen. Im vorgeheizten Ofen bei 225 Grad (Umluft 200 Grad, Gas 4) 20 Minuten goldbraun backen.

Zubereitungszeit: 1 Stunde
Pro Portion (bei 6 Portionen)
etwa 36 g E, 61 g F, 33 g KH = 858 kcal (3590 kJ)

Schweinebraten mit Sauerkraut

Für 4 Portionen:
2 Zwiebeln (100 g)
1 Sellerieknolle (500 g)
1 kg Schweinebraten (mit Fettrand)
Salz
Pfeffer (a.d. Mühle)
2 El Öl
1 Dose Sauerkraut (800 g EW)
1/8 l Brühe (Instant)
1/2 l Weißwein
2 Lorbeerblätter
8 Wacholderbeeren
Zucker

1. Die Zwiebeln pellen, halbieren und quer in halbe Ringe schneiden. Den Sellerie schälen und auf der groben Seite der Haushaltsreibe raspeln.

2. Den Schweinebraten an der Hautseite kreuzweise einritzen.

Das Fleisch rundherum mit Salz und Pfeffer würzen und im heißen Öl im Schmortopf von allen Seiten anbraten. Dann mit der Hautseite nach oben legen.

3. Die Zwiebeln dazugeben und mit anbraten. Das Sauerkraut und Sellerie mischen und mit der Brühe, 1/4 l Wein, Lorbeer und Wacholder in den Topf geben.

4. Den Schweinebraten im vorgeheizten Backofen bei 200 Grad (Umluft 200 Grad, Gas 3) auf der untersten Einschubleiste 1 1/2–2 Stunden garen. Nach 1 Stunde den Rest des Weins zugießen, ab und zu umrühren, mit Salz, Pfeffer und Zucker würzen. Den Schweinebraten aufschneiden und mit dem Sauerkraut servieren.

Zubereitungszeit: 2 Stunden
Pro Portion etwa 46 g E, 67 g F, 12 g KH = 957 kcal (4002 kJ)

Orangen-Schweinebraten

Für 4 Portionen:
2 Zwiebeln
3 Orangen
1,5 kg Schweinenacken (mit Knochen)
Salz
Pfeffer (a.d. Mühle)
2–3 El Senf
30 g Butterschmalz
1/8 l Orangensaft
200 ml Rotwein
1–2 El dunkles Saucenbindemittel
Zucker

1. Die Zwiebeln pellen und achteln. 1 Orange zur Hälfte dünn schälen, die Schale beiseite stellen. Das Fleisch salzen, pfeffern und mit 2 El Senf einreiben.

2. Das Fleisch in heißem Butterschmalz rundherum anbraten. Die Zwiebeln und die

Orangenschale zum Fleisch geben und mit Orangensaft ablöschen.

3. Das Fleisch zugedeckt bei mittlerer Hitze 1 1/2 Stunden schmoren. Den Rotwein nach und nach zugießen.

4. In der Zwischenzeit alle Orangen rundherum wie Äpfel schälen. Den Saft dabei auffangen. Die Orangenfilets aus den Trennhäuten schneiden.

5. Den Braten in Alufolie wickeln und warm halten. Den Bratensaft aufkochen und mit den Zwiebeln durch ein Sieb streichen, 5 Minuten offen kochen lassen, dann das Saucenbindemittel zugeben, mit Pfeffer, Salz, Zucker und Senf abschmecken.

6. Die Orangenfilets in der Sauce erwärmen. Den Braten von den Knochen lösen und in Scheiben schneiden.

Zubereitungszeit: 2 1/2 Stunden
Pro Portion etwa 61 g E, 57 g F, 19 g KH = 814 kcal (3821 kJ)

Gerollter Schweinebauch

Für 10–12 Portionen:
1 Bund glatte Petersilie
2 El Senf
2 Tl Sambal oelek
2,5–3 kg Schweinebauch (entbeint, mit Knochen)
Salz
Pfeffer (a.d. Mühle)
4 El Öl
200 g Zwiebeln
1/8 l Brühe (Instant)
1 Flasche Pils (330 ml)
1–2 El Saucenbindemittel

1. Die Petersilie waschen und hacken, mit Senf und Sambal oelek verrühren. Die Schweineschwarte gut einritzen. Das Fleisch salzen und pfeffern.

Die Innenseite mit der Senfpaste bestreichen.

2. Den Schweinebauch aufrollen und mit einem Fleischfaden zusammenbinden. Das Öl auf die Saftpfanne streichen, das Fleisch darauflegen und im vorgeheizten Backofen bei 200 Grad (Umluft 200 Grad, 1 Stunde, 10 Minuten; Gas 3) auf der 2. Einschubleiste von unten 1 Stunde garen.

3. Die Zwiebeln pellen, achteln und mit dem Knochen zum Fleisch geben und weitere 30 Minuten braten. Dann mit Brühe ablöschen, weitere 40 Minuten garen, dabei mit dem Bier begießen.

4. Den Braten im ausgeschalteten Ofen warm halten. Den Bratensaft mit Zwiebeln durch ein Sieb streichen, aufkochen lassen und mit dem Saucenbindemittel andicken. Die Sauce evtl. nachwürzen. Den Fleischfaden vom Braten entfernen. Den Braten in Scheiben schneiden.

Zubereitungszeit: 2 1/2 Stunden
Pro Portion (bei 12 Portionen) etwa 18 g E, 67 g F, 2 g KH = 732 kcal (3063 kJ)

Gefüllter Schweinebauch mit Äpfeln und Aprikosen

Für 6 Portionen:
150 g getrocknete Aprikosen
1/4 l Rotwein
500 g säuerliche Äpfel
2 El Zitronensaft
250 g Zwiebeln
1,5 kg Schweinebauch (vom Fleischer eine Tasche einschneiden lassen)
Salz, Pfeffer (a.d. Mühle)
30 g Butterschmalz
1/4 l Brühe (Instant)
Zucker
1–2 El Saucenbindemittel

1. Die Aprikosen in Streifen schneiden und ca. 1 Stunde in dem Rotwein einweichen. Die Äpfel schälen, vierteln, entkernen, in Spalten schneiden und mit Zitronensaft beträufeln. Die Zwiebeln pellen und vierteln.

2. Die Schwarte des Schweinebauches mit einem scharfen Messer rautenförmig einritzen. Das Fleisch innen und außen salzen und pfeffern.

3. Die Aprikosen abtropfen lassen, den Wein auffangen. Die Äpfel mit den Aprikosen mischen und fest in die Tasche des Bratens drücken. Einige Holzstäbchen von oben her in

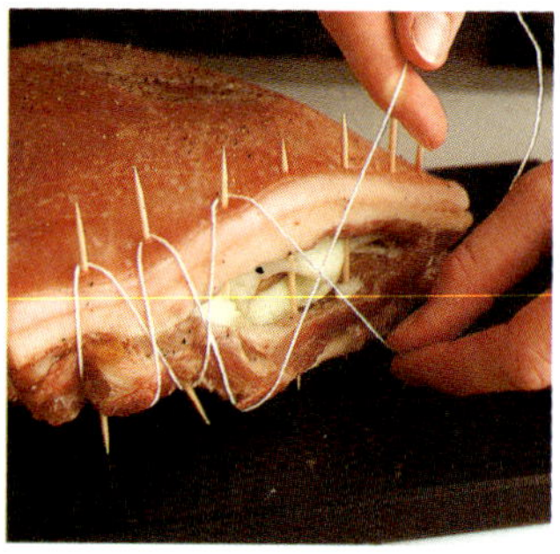

den Rand der Tasche einstechen, mit Garn wie einen Schnürschuh verschließen.

4. Fleisch in heißem Butterschmalz rundherum anbraten, mit Rotwein ablöschen. Braten im vorgeheizten Backofen auf der untersten Einschubleiste bei 200 Grad (Umluft 200 Grad, 50–60 Minuten; Gas 3) 50 Minuten offen garen.

5. Die Zwiebeln und die Brühe zugeben und alles weitere 25 Minuten garen. Den Braten warm stellen. Die Sauce durch ein Sieb gießen, aufkochen und mit Salz, Pfeffer und Zucker abschmecken. Das Saucenbindemittel zugeben und die Sauce nochmals aufkochen lassen. Holzstäbchen und den Faden entfernen.

Zubereitungszeit: 1 1/2 Stunden
Pro Portion etwa 31 g E, 111 g F, 33 g KH = 1347 kcal (5632 kJ)

4. Kapitel

LAMM UND RIND

Zum Lammrücken mit Champignonsauce passen Prinzeßbohnen und Petersilienkartoffeln. Rezept Seite 40

LAMM UND RIND

Roastbeef mit Kräuterkruste, nach Belieben mehr oder weniger rosa gebraten, schmeckt warm und kalt zu Bratkartoffeln, feinen Gemüsen oder Salaten

Lammrücken mit Champignonsauce

(Zum Foto von Seite 39)
Für 4–6 Portionen:
2,5–3 kg Lammrücken
3 Knoblauchzehen
1 Bund Rosmarinzweige
500 g kleine Champignons, 20 g Butter
1/4 l Brühe (Instant)
200 g Crème fraîche

1. Lammrücken vorbereiten (Foto 1 rechts). Knoblauch längs vierteln. Fleisch mit Knoblauch und Rosmarin spicken (Foto 2).

2. Fleisch auf das Backblech legen, bei 250 Grad (Umluft 250 Grad, Gas 5–6) im vorgeheizten Ofen 30–35 Minuten braten.

3. 10 Minuten vor Garende geputzte Pilze mit Butter zum Fleisch geben.

4. Fleisch in Alufolie wickeln. Brühe zu den Pilzen geben, die Bratenrückstände lösen. Die Crème fraîche zugeben (Foto 3). Die Sauce in einem Topf etwas einkochen. Knochen auslösen, Braten aufschneiden.

Zubereitungszeit: 50 Minuten
Pro Portion etwa (bei 6 Portionen) 66 g E, 57 g F, 2 g KH = 837 kcal (3499 kJ)

1 Zart: Lammrücken am Knochen

Der Lammrücken, auch Lammsattel genannt, gehört zu den Braten, die, wenn sie erst einmal im Ofen sind, kaum beachtet werden müssen. Das liegt an ihrer angewachsenen Fettschicht, die sie während des Bratens und dem dabei austretenden Fett vor dem Austrocknen schützt. Andere Braten müssen wegen der fehlenden Fettschicht mit flüssigem Butterschmalz oder Öl begossen werden.
Das zarte, würzige Fleisch bleibt sehr saftig, wenn man es

Fettschwarte einschneiden

Lammrücken würzen

Den Bratensatz mit Brühe und Crème fraîche lösen

nicht vom Knochen löst. Ein Lammrücken wiegt, je nach Alter des Tieres und Zuschnitt, **2,5 bis 3 Kilogramm und reicht für 4 bis 6 Portionen** (je nach Knochen- und Fettanteil). Ein Lammrücken sollte rechtzeitig beim Fleischer vorbestellt werden.

Wichtig ist die Vorbereitung beim Lammrücken: Dazu schneidet man sehr dicke Fettschichten an den Seiten und im Innern des Rückens ab oder löst das Fett aus und gibt es zum Braten in den Ofen.

Mit einem scharfen Messer wird die **Fetthaut des Lammrückens kreuzweise eingeschnitten** (Foto 1), damit das Fett gut herausbraten kann.

Entlang des Rückgrats wird das Fleisch zweimal etwa 1,5 Zentimeter tief eingeschnitten. In diese Einschnitte werden nach Belieben gepellte und geviertelte Knoblauchstifte und Rosmarinzweige oder andere Gewürze gesteckt (Foto 2). Dadurch dringt das Aroma der Gewürze und auch die Hitze tief in das Fleisch ein.

Der Lammrücken wird bei 250 Grad (Umluft 250 Grad, Gas 5–6) im vorgeheizten Backofen auf der 2. Einschubleiste von unten 30 bis 35 Minuten gebraten. Vor dem Anschneiden sollte der Braten etwa 10 Minuten im ausgeschalteten Ofen ruhen, damit sich der Saft im Fleisch wieder gleichmäßig verteilt.

In der Zeit kann die Sauce bereitet werden: Zunächst gießt man das überschüssige ausgebratene Fett ab (es läßt sich später mit den Knochen für einen Gemüseeintopf verwenden, da es besonders viel Geschmack liefert). Dann wird der Bratensatz mit Flüssigkeit abgelöscht, zum Beispiel mit Brühe, Gemüsesaft, Wein, Sahne oder Crème fraîche. Mit einem Pinsel löst man die Bratenrückstände, die besonders aromatisch sind, gießt die Sauce in einen Topf um und läßt sie bei großer Hitze etwas einkochen. Wer eine Pilzsauce zum Rehrücken bevorzugt, dünstet gewaschene und geputzte Champignons mit dem Fleisch im Backofen und verfeinert sie mit etwas Butter und Crème fraîche. Die Champignons können nach Belieben auch mit etwas Butterschmalz begossen werden, damit sie nicht austrocknen oder anbrennen.

Für alle Lammgerichte gilt: Das Fleisch immer auf gut vorgewärmten Tellern servieren, weil das Fett schnell erstarrt.

2 Roastbeef mit Kräuterkruste

Roastbeef und Filet vom Rind sind schnell und einfach zubereitet. Ob der Braten gelingt, hängt auch von der Fleischqualität ab. Es sollte deshalb beim Fleischer vorbestellt werden.

Das Fleisch sollte von den zartesten Stücken des Rinds stammen, gut abgehangen und von feinen Fettadern (marmoriert) durchzogen sein.

Pro Person braucht man von diesem Braten **200 bis 250 Gramm. Er sollte mindestens 1,5 Kilogramm wiegen**, sonst trocknet das Roastbeef leicht aus.

Die Bratzeit richtet sich nicht nur nach dem Gewicht, sondern auch nach der Dicke (Höhe) des Fleischstückes. **Man rechnet für 1,5 Kilogramm Roastbeef (etwa 6 cm hoch) 35–45 Minuten im vorgeheizten Ofen bei 250 Grad** (Umluft 250 Grad, Gas 5–6). Vor dem Braten wird das Fleisch mit Salz und Pfeffer eingerieben. **Die Fettschicht an der Oberseite wird nicht abgetrennt, sondern kreuzweise eingeschnitten**; die Fettschicht und das beim Braten austretende Fett schützt das Fleisch vor dem Austrocknen.

Besonders pikant schmeckt Roastbeef mit einer **Kräuterkruste**. Sie wird so bereitet: 2 Bund glatte, fein gehackte Petersilie verrühren mit 1/2 Teelöffel getrocknetem Thymian, 2 Eßlöffeln Senf und 3 Eßlöffeln Öl. Das Roastbeef wird mit der Paste oben und an den Seiten bestrichen (Foto links unten) und im Ofen gebraten wie beschrieben.

Nach dem Braten soll das Fleisch auf jeden Fall etwa 10 Minuten in Alufolie eingewickelt ruhen, damit sich der Saft wieder im Fleisch verteilt (Foto unten rechts). Erst danach wird der Braten aufgeschnitten und der Fleischsaft dabei aufgefangen. Er wird zur Sauce oder zum Gemüse gegeben. Zum warmen Roastbeef paßt eine Sauce Béarnaise, zum kalten Remoulade.

Roastbeef mit Kräuterpaste bestreichen

Gegarten Braten in Alufolie ruhenlassen

3 Schnell und einfach: Filetbraten

Das Filet besteht aus schierem Fleisch und muß deshalb vor dem Braten mit heißem Fett übergossen werden, damit es nicht austrocknet (Foto 1). Es reichen für 1,5 kg Filet 40 g Butterschmalz. Gebraten wird das Filet – wie das Roastbeef – direkt auf der Fettpfanne, die vorher leicht mit Öl oder Butterschmalz bestrichen wird. **Die Bratzeit für einen Filetbraten beträgt 25 bis 30 Minuten bei 250 Grad im vorgeheizten Ofen** (Umluft 250 Grad, Gas 5–6).

Wer zum Filet eine Sauce bereiten möchte, gibt zum Fleisch je 3–4 grob zerschnittene Zwiebeln und Tomaten und übergießt sie ebenfalls mit etwas Butterschmalz oder Öl.

Während das fertig gebratene Filet in Alufolie gewickelt und ruhengelassen wird (wie das Roastbeef), wird der Bratensatz mit Brühe und einem Schuß Rotwein gelöst (Foto 2) und dann durch ein Sieb in einen Topf gegossen (Foto 3). Den Bratensaft auf großer Flamme einkochen lassen und, wenn gewünscht, mit etwas braunem Saucenbindemittel andicken. Filetbraten und Roastbeef schmecken warm und kalt. Wird es warm serviert, passen dazu feine Gemüse, in Butter geschwenkt, Röstkartoffeln oder Kartoffelgratin. Zum kalten Braten schmecken Remouladensauce und Bratkartoffeln oder Salate jeder Art.

Filet mit Fett begießen

Bratensatz lösen

Sud durch ein Sieb gießen

Filetsteak mit Steinpilzsauce

Für 4 Portionen:
1 Paket getrocknete Steinpilze (5 g)
1/4 l Steinpilz-Hefebrühe
2 Zwiebeln
4 Filetsteaks (à 150 g)
2 El Öl
Salz
Pfeffer (a.d. Mühle)
200 g Crème fraîche
2 El dunkles Saucenbindemittel

1. Die Steinpilze unter kaltem Wasser abbrausen, dann in der heißen Brühe einweichen. Die Zwiebeln pellen und fein würfeln.

2. Die Steaks im heißen Öl von jeder Seite 1 Minute bei starker Hitze anbraten. Die Zwiebeln zugeben und glasig dünsten, mit Salz und Pfeffer würzen.

3. Die Brühe mit den Steinpilzen zum Fleisch geben und offen 10 Minuten bei milder Hitze garen.

4. Das Fleisch herausnehmen und in Alufolie wickeln. Crème fraîche zum Bratfond geben und aufkochen. Das Saucenbindemittel einstreuen, nochmals aufkochen und mit Salz und Pfeffer abschmecken. Die Sauce zu den Steaks servieren.
Dazu passen Kartoffeln und grüne Bohnen.

Zubereitungszeit: 35 Minuten
Pro Portion etwa 34 g E, 28 g F, 9 g KH = 436 kcal (1828 kJ)

Lammkeule mit Bohnen

Für 4 Portionen:
500 g Zwiebeln
3–4 Knoblauchzehen
2 El Öl
1 El Thymian (getrocknet)
Salz
Pfeffer (a.d. Mühle)
1,2 kg Lammkeule
40 g Butterschmalz
1/8 l Brühe
1/4 l Rotwein
1 kleine Dose weiße Bohnen
1 kleine Dose rote Bohnen
1/2 Bund Bohnenkraut
2 El dunkles Saucenbindemittel

1. Die Zwiebeln pellen und vierteln. Den Knoblauch pellen, zum Öl pressen und mit Thymian, Salz und Pfeffer verrühren.

2. Die Lammkeule salzen, pfeffern und im Schmortopf im heißen Butterschmalz rundherum braun anbraten.

3. Die Zwiebeln zugeben und glasig dünsten. Die Lammkeule mit dem Gewürzöl bestreichen. Die Brühe und den Rotwein zugießen.

4. Die Lammkeule im vorgeheizten Backofen bei 200 Grad (Umluft 200 Grad, Gas 3) auf der 2. Einschubleiste von unten 1 1/4 Stunden zugedeckt garen.

5. Die Bohnen in einem Sieb abspülen. Das Bohnenkraut hacken. Beides für die letzten

15 Minuten mit zum Fleisch geben.

6. Die Lammkeule herausnehmen, in Scheiben schneiden und warm stellen. Den Sud mit dem Saucenbindemittel andicken, mit Salz und Pfeffer kräftig würzen.

Zubereitungszeit: 2 Stunden
Pro Portion etwa 66 g E, 59 g F, 66 g KH = 1148 kcal (4807 kJ)

Rinderfilet mit Morchelrahmsauce

Für 4 Portionen:
25 g getrocknete Morcheln
750 g Rinderfilet
(aus der Mitte)
Salz
Pfeffer (a.d. Mühle)
30 g Butterschmalz
200 g Crème fraîche
2–3 El dunkles Saucenbindemittel
2 El Cognac oder Weinbrand

1. Die Morcheln in einem Sieb unter kaltem Wasser kräftig abbrausen und in 3/8 l heißem Wasser 1 Stunde einweichen.

2. Das Filet mit Salz und Pfeffer würzen, rundherum im heißen Butterschmalz braun anbraten.

3. Die Morcheln mit dem Einweichwasser zum Fleisch geben und zugedeckt 20–25 Minuten garen.

4. Fleisch herausnehmen, in Alufolie wickeln und warm stellen. Crème fraîche zum Bratensaft gießen und aufkochen lassen. Das Saucenbindemittel einstreuen und nochmals aufkochen lassen. Mit Salz, Pfeffer und Cognac oder Weinbrand würzen.

5. Das Fleisch in Scheiben schneiden und mit der Sauce servieren. Dazu passen Spargel und Kartoffeln.

Zubereitungszeit: 45 Minuten
Pro Portion etwa 42 g E, 31 g F, 10 g KH = 517 kcal (2172 KJ)

Lammrücken mit Kräuterkruste

Für 8 Portionen:
1 Lammrücken (ca. 3 kg)
Salz
Pfeffer (a.d. Mühle)
1,5 kg Kartoffeln (mittelgroß)
2 Bund glatte Petersilie
2–3 Knoblauchzehen
2 1/2 El Thymian (getrocknet)
6 El Öl, 5 El Senf
6 El Semmelbrösel
1 Eiweiß

1. Die obere Fettschicht vom Lammrücken abschneiden, die untere einritzen. Das Fleisch mit Salz und Pfeffer würzen.

2. Den Lammrücken im vorgeheizten Backofen bei 225 Grad (Umluft 225 Grad, Gas 4) auf der 2. Einschubleiste von unten 30 Minuten garen.

3. Inzwischen die Kartoffeln schälen, waschen und in Salzwasser 10 Minuten vorgaren.

4. Die Petersilie hacken, den Knoblauch pellen und durchpressen. Beides mit Thymian, Öl, Senf, Semmelbröseln und Eiweiß verrühren und mit dem Schneidstab des Handrührers zu einer Paste verarbeiten.

5. Die abgetropften Kartoffeln zum Fleisch geben. Die Oberseite des Lammrückens mit der Paste einstreichen und weitere 20 Minuten garen.

6. Das Fleisch im ausgeschalteten Ofen 10 Minuten ruhenlassen. Dann den Lammrücken vom Knochen lösen und in Scheiben schneiden. Dazu paßt Blattspinat mit Parmesan bestreut.

Zubereitungszeit: 1 Stunde, 20 Minuten
Pro Portion etwa 58 g E, 60 g F, 33 g KH = 933 kcal (3904 kJ)

+ grüne Bohnen

Filet Wellington

Für 4–6 Portionen:
8 Platten Blätterteig (TK, 1 1/2 Pakete)
1 kg Champignons
120 g Zwiebeln
60 g Butterschmalz
3 El Madeira
4 El Schlagsahne
1 Bund glatte Petersilie
Salz
Pfeffer (a.d. Mühle)
Mehl zum Bearbeiten
750 g Rinderfilet
1 Ei

1. Den Blätterteig auftauen lassen. Die Pilze putzen, waschen und hacken. Die Zwiebeln pellen, fein würfeln und in 30 g Butterschmalz andünsten. Die Pilze zugeben, so lange offen dünsten, bis die Flüssigkeit verdampft ist. Madeira und Sahne zugeben. Offen weiter dünsten, bis die Masse trocken ist. Die gehackte Petersilie zugeben, salzen und pfeffern.

2. Teigplatten auf der bemehlten Arbeitsfläche aufeinanderlegen. Zu einem Rechteck (40 x 35 cm) ausrollen. Aus den Teigresten Rhomben für die Verzierung schneiden.

3. Fleisch salzen, pfeffern und in dem restlichen Butterschmalz rundherum braun anbraten. Ein Viertel der Pilzmasse auf die Mitte vom Blätterteig geben. Das Fleisch darauflegen und mit der restlichen Pilzmasse bestreichen. Das Ei mit 1 El Wasser verquirlen.

4. Die Teigränder mit Ei einstreichen. Teig um das Fleisch

legen und andrücken. Das Paket mit der Nahtstelle auf ein Backblech setzen. Die Rhomben mit Ei aufkleben. Teig mit Ei bestreichen. Im vorgeheizten Backofen bei 200 Grad (Umluft 200 Grad, Gas 3) auf der untersten Einschubleiste 30–35 Minuten garen. Vor dem Servieren 10 Minuten ruhenlassen.

Zubereitungszeit: 1 1/4 Stunden
Pro Portion (bei 6 Portionen) etwa 34 g E, 41 g F, 38 g KH = 682 kcal (2853 kJ)

Rinderfilet mit Rosenkohlgratin

Für 4 Portionen:
750 g Rinderfilet
Salz
Pfeffer (a.d. Mühle)
2 Tüten getrocknete Steinpilze (à 5 g)
3/4 l Brühe (Instant)
500 g Kartoffeln
1 Paket Rosenkohl (TK, 300 g)
1/4 l Schlagsahne
1 Ei
30 g Parmesan (gerieben)
Fett für die Form
1–2 El dunkles Saucenbindemittel

1. Das Fleisch mit Salz und Pfeffer würzen und mit einem Fleischfaden zusammenbinden, damit es die Form behält.

2. Die Steinpilze unter kaltem Wasser abbrausen, in die Brühe geben und 10 Minuten kochen lassen.

3. Das Fleisch in die Brühe legen und zugedeckt bei milder Hitze 20–25 Minuten garen.

4. Die Kartoffeln schälen, waschen, in Scheiben schneiden und mit dem Rosenkohl in kochendem Salzwasser 5 Minuten blanchieren.

5. Die Sahne mit dem Ei und dem Parmesan verquirlen, mit Salz und Pfeffer würzen.

6. Die Kartoffeln und den Rosenkohl schichtweise in eine gefettete Auflaufform geben, mit der Käsesahne begießen und im vorgeheizten Backofen bei 200 Grad (Umluft 200 Grad, Gas 3) auf der 2. Einschubleiste von unten 20–25 Minuten backen.

7. Das Fleisch in Alufolie wickeln und 15 Minuten nachziehen lassen.

8. Die Brühe auf 1/2 l einkochen lassen. Das Saucenbindemittel einstreuen, noch einmal aufkochen lassen und mit Salz und Pfeffer würzen. Das Fleisch in Scheiben schneiden und mit der Sauce und dem Gratin servieren.

Zubereitungszeit: 55 Minuten
Pro Portion etwa 54 g E, 34 g F, 38 g KH = 700 kcal (2943 kJ)

Lammkeule mit Kapernsauce

Für 4–6 Portionen:
1,5 kg Lammkeule (Knochen vom Metzger auslösen lassen)
1 Bund glatte Petersilie
1 Tl Thymian (getrocknet)
60 g Kapern (a. d. Glas)
1–2 Tl Zitronensaft
Salz, Pfeffer (a.d. Mühle)
1–2 Knoblauchzehen
250 g Sellerie
6 Zwiebeln (200 g)
1 1/2 l Brühe (Instant)
1 Bund Schnittlauch
1/8 l trockener Weißwein
200 g Crème fraîche
2–3 El helles Saucenbindemittel
1 Prise Zucker

1. Das Fleisch von Sehnen und Fett befreien. Die gewaschene und gut getrocknete Petersilie grob hacken und zusammen mit Thymian, der Hälfte der abgetropften Kapern und dem Zitronensaft mit dem Schneidstab des Handrührers pürieren.

2. Die Lammkeule innen mit der Kräuterpaste einstreichen. Das Fleisch zusammenklappen und mit Fleischfaden zusammenbinden.

3. Das Fleisch außen mit Salz, Pfeffer und dem durchgepreßten Knoblauch einreiben.

4. Den Sellerie schälen, waschen und grob zerteilen. Die Zwiebeln pellen und vierteln. Den Sellerie und die Zwiebeln mit der Brühe zum Kochen bringen.

5. Die Lammkeule in die kochende Brühe legen, die Hitze herunterschalten. Das Fleisch zugedeckt 50–60 Minuten garen.

6. Das Fleisch herausnehmen, in Alufolie wickeln und warm stellen. Den Schnittlauch kleinschneiden.

7. 1/4 l Brühe durch ein Sieb in einen Topf gießen. Den Wein und Crème fraîche dazugeben, verrühren und zum Kochen bringen.

8. Das Saucenbindemittel einstreuen und aufkochen lassen. Die Sauce mit den restlichen Kapern, Salz, Pfeffer und Zucker würzen. Den Schnittlauch hineingeben. Die Lammkeule in Scheiben schneiden und mit der Sauce servieren.

Zubereitungszeit: 2 Stunden
Pro Portion (bei 6 Portionen) etwa 37 g E, 47 g F, 6 g KH = 621 kcal (2598 kJ)

5. Kapitel
HACKFLEISCH

Hackfleischklößchen mit pikanter Tomatensauce und Reis sind schnell gemacht.
Rezept Seite 50

Er ist einfach zu machen, schmeckt warm und kalt und läßt sich mit Knoblauch, Senf, Gewürzen und etwas Phantasie abwandeln: der Hackbraten. Als Beilage schmecken Erbsen und Möhren

Hackfleisch-klößchen

(Zum Foto von Seite 49)
Für 5–6 Portionen:
500 g Rinderhack
500 g Schweinemett
4 Eier
40 g Semmelbrösel
4–6 El Mineralwasser
1–2 El Senf
Salz, Pfeffer (a.d. Mühle)

1. Alle Zutaten zu einem glatten Teig verkneten. Mit nassen Händen 10–12 große Klöße formen.

2. Inzwischen Salzwasser zum Kochen bringen, die Klöße in das kochende Wasser geben und bei mittlerer Hitze in 15–20 Minuten gar ziehen lassen. Dazu passen Tomatensauce und Reis.

Zubereitungszeit: 35 Minuten
Pro Portion (bei 6 Portionen) etwa 44 g E, 37 g F, 5 g KH = 566 kcal (2367 kJ)

1 Hack ist nicht gleich Hack

Das Wort „Hack" stammt aus der Zeit, als es noch keinen Fleischwolf gab: Da wurde das Fleisch noch per Hand mit dem Messer fein gehackt. Obwohl es heute „durchgedreht" wird, hat sich der Begriff „Hack" gehalten.
Rinderhack ist aus reinem Rindfleisch und darf 20 Prozent Fett enthalten.
Aus reinem Rindfleisch besteht **Beefsteakhack**, je nach Region auch Tatar oder Schabefleisch genannt. Es enthält nur 6 Prozent Fett und ist das magerste Hackfleisch, weil nur schieres Muskelfleisch genommen wird. Tatar schmeckt auch roh sehr gut, am besten mit Eigelb, Zwiebeln, Salz und Pfeffer verfeinert. Andererseits wird es schnell zäh und trocken, wenn es gebraten wird; deshalb darf es als „Hacksteak" ohne weitere Zutaten nur kurz gebraten oder gegrillt werden.
Am häufigsten wird **„gemischtes Hack"** verwendet, es ist je **zur Hälfte gemischt aus Rinder- und Schweinehack**. Es enthält außer schierem Fleisch auch einen Teil Fett, das den Fleischteig saftig macht. Je heller das Fleisch aussieht, desto höher ist der Fettanteil; es dürfen aber laut Gesetz nicht mehr als insgesamt 30 Prozent Fett drinstecken. Ist in Rezepten

Gemischtes Hackfleisch

Beefsteakhack

Schweinemett

„Hackfleisch" angegeben, so ist damit gemischtes Hack gemeint.
Schweinemett kann bis zu einem Viertel Fett enthalten. Mett ist grob gekörnt und wird leicht gewürzt verkauft. Es schmeckt roh, am besten mit Zwiebeln bestreut, oder gebraten.
Reines **Schweinehack** wird beim Fleischer seltener angeboten. Auf Wunsch dreht er auch Kalb- und Lammfleisch durch.
Hackfleisch ist das am leichtesten verderbliche Fleisch: Durch das Zerkleinern vergrößert sich die Oberfläche des Fleisches um ein Vielfaches. Bakterien, besonders Salmonellen, können leichter eindringen, sich schnell vermehren und das Fleisch verderben. Um dies zu verhindern, muß der Fleischer jeden Tag neues Hackfleisch herstellen und in der Fleischtheke bei 4–8 Grad Celsius lagern, da sich Bakterien im kalten Milieu nur langsam vermehren.
Auch im Haushalt sollte es bis zum Zubereiten gut gekühlt und noch am gleichen Tag verarbeitet werden. Ist dies nicht möglich, empfiehlt es sich, das Fleisch einzufrieren – und sei es nur für einen Tag. Wieder aufgetautes Hack muß dann sofort verarbeitet und darf nicht nochmals roh eingefroren werden.
Gebratenes Hackfleisch, als Braten, Buletten (Frikadellen, Fleischpflanzerl) oder Fleischklößchen, kann dagegen bedenkenlos wieder eingefroren werden; es muß allerdings gut durchgegart sein (Salmonellengefahr). Im Kühlschrank aufbewahrt hält es sich so zwei bis drei Tage frisch, tiefgefroren bis zu vier Monate.

2 Hackbraten - gut gemischt

Für einen saftigen Hackbraten nimmt man entweder „gemischtes Hack" oder eine Mischung aus: 1/3 Rinderhack, 1/3 Tatar und 1/3 Schweinemett. Für einen Braten, ausreichend **für vier große Portionen** (oder 10–12 Buletten), braucht man **750 g**, außerdem etwa **100 g Weißbrot** und **2–3 Eier** (je nach Größe) zum Binden. Weißbrot (Toastbrot, Brötchen) wird vorher eingeweicht und gut ausgedrückt. Ist es sehr hart, eignet sich warmes Wasser am besten. Werden Semmelbrösel (40 g) genommen, gibt man etwa 4–6 Eßlöffel Mineralwasser dazu.

Schmeckt milder: Hack mit gedünsteten Zwiebeln

Gewürzt wird nach Geschmack: **Zwiebeln** (ca. 100 g für diese Menge Fleisch) und **Knoblauch** werden fein gehackt und vorher in etwas Butter oder Margarine gedünstet. Sie schmecken dann milder. Außer **Salz** und **Pfeffer** kann man noch dazugeben: etwas frisch geriebene **Muskatnuß**, feingehackte **Kräuter** wie Petersilie, Majoran, Thymian oder **Kapern, Senf und Ketchup**.
Die **Zubereitung**: Alle Zutaten werden in einer großen Schüssel mit den Händen oder mit den Knethaken des Handrührers (auf der niedrigsten Schaltstufe und nicht zu lange) gut durchgemischt und mit nassen Händen zu einem Laib geformt. In einem passenden Schmortopf von allen Seiten in 40 g Butterschmalz braun angebraten, mit 1/8 l Brühe aufgegossen und zugedeckt bei milder Hitze in 45 Minuten geschmort.
Wenn der Hackbraten eine knusprige Kruste haben soll: Den Teig in einem passenden Bräter mit heißem Fett übergießen und im Backofen bei 200 Grad (Gas 3) auf der 2. Einschubleiste von unten in ca. 60 Minuten braten (Umluft ebenfalls bei 200 Grad, 50–60 Minuten). Den Braten dabei öfter mit dem heißen Fett begießen oder nach dem ersten Bräunen mit dünnen Scheiben geräuchertem Speck belegen.
Zum Hackbraten schmeckt auch eine Sauce: Dazu löscht man den Bratensatz mit etwas Brühe und/ oder Crème fraîche ab und dickt die Sauce mit 1–2 El dunklem Saucenbindemittel durch Aufkochen an.
Buletten brät man in heißem Butterschmalz oder in Öl bei mittlerer Hitze in der Pfanne in 10–12 Minuten, dabei das Fleisch öfter wenden.

3 Als Vorrat: Fleischklößchen

Fleischklöße lassen sich sehr gut auf Vorrat herstellen. Nach dem Garziehen werden sie eingefroren und unaufgetaut in die heiße Brühe, Suppe, Eintopf oder Sauce gegeben.
Zum Einfrieren sollte man kleine Klößchen (Rezept Seite 50) formen, weil sie in der heißen Flüssigkeit schneller auftauen. Sie werden in heißem Salzwasser (nach Belieben eine mit Lorbeerblatt und Nelken gespickte Zwiebel zufügen) ca. 15 Minuten gegart (fertige Klößchen steigen an die Oberfläche). Auf keinen Fall dürfen sie innen noch roh sein.
Die abgekühlten Klöße werden auf ein Tablett gesetzt und angefroren, damit sie die Form behalten. Erst dann füllt man sie um in Tüten oder Dosen. Hackfleisch bleibt tiefgefroren bis zu vier Monaten haltbar.
Hackklößchen schmecken besonders gut mit einer Sauce. Sehr beliebt ist eine Tomatensauce aus frischen passierten Tomaten (oder aus der Packung), verfeinert mit Kräutern oder Pilzen.
Am bekanntesten sind „Königsberger Klopse", Hackklöße in einer Kapernsauce. Sie wird aus einer Mehlschwitze bereitet, mit Brühe aufgefüllt, mit Kapern, Zitronensaft und -schale abgeschmeckt und mit Sahne und Ei legiert.
Für eine Pilzsauce brät man die Hackklöße im heißen Fett an, fügt frische Pilze oder eingeweichte Steinpilze zu und füllt mit Crème fraîche auf.
Hackbällchen sind hervorragende Einlagen in Gemüsesuppen, Cremesuppen, Eintöpfen oder Gratins, zum Beispiel einem Nudelgratin, für den Nudeln, Klöße und Tomaten in eine feuerfeste Form geschichtet und mit geriebenem Käse überbacken werden.

Hackteig wird mit Mineralwasser locker

Köfte auf Spinat

Für 4 Portionen:
3 Zwiebeln (150 g)
2–3 Knoblauchzehen
2 El Semmelbrösel
1 Ei
Salz
Pfeffer (a. d. Mühle)
Kreuzkümmel (gemahlen)
500 g gemischtes Hackfleisch
6 El Öl
2 Pakete Blattspinat (TK)
1 Bund Minze
2 Becher Sahnejoghurt (à 50 g)
1 Prise Zucker
1–2 El Zitronensaft
Muskatnuß (frisch gerieben)

1. Die Zwiebeln und den Knoblauch pellen, Zwiebeln fein würfeln. 1 Zwiebel mit Semmelbröseln, Ei, Salz, Pfeffer und Kreuzkümmel zum Hack geben. 1–2 Knoblauchzehen dazupressen und alles mit

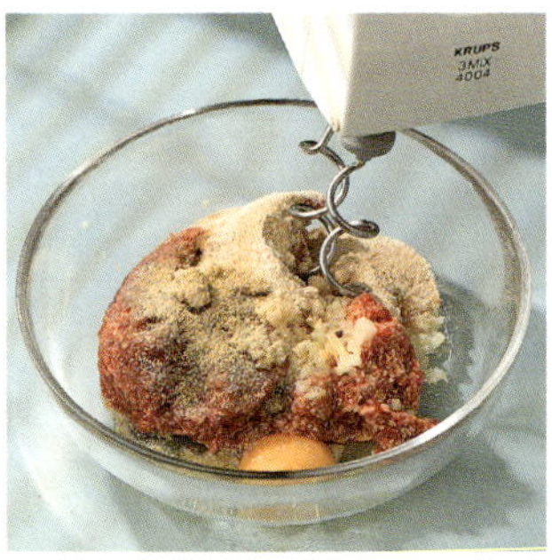

den Knethaken des Handrührers verkneten.

2. Aus dem Hackteig mit nassen Händen etwa 12 Hackbällchen formen. In einer Pfanne in 3 El heißem Öl rundum anbraten. Dann bei milder Hitze 15 Minuten weiterbraten und dabei öfter wenden.

3. Inzwischen das restliche Öl erhitzen, die restlichen Zwiebelwürfel darin glasig dünsten. Den gefrorenen Spinat dazugeben und im offenen Topf bei mittlerer Hitze unter Wenden auftauen und erhitzen.

4. Die Minze hacken. Den Joghurt mit dem restlichen Knoblauch, Kreuzkümmel, Salz, Pfeffer, Zucker und Zitronensaft würzen. Die Minze daruntermischen. Den Spinat mit Salz, Pfeffer und Muskat abschmecken. Hackbällchen auf dem Spinat anrichten und mit Sauce begießen.

Zubereitungszeit: ca. 1 Stunde
Pro Portion etwa 40 g E, 49 g F, 20 g KH = 711 kcal (2973 kJ)

Überbackener Bohneneintopf

Für 4 Portionen:
200 g getrocknete weiße Bohnen
2 Scheiben Toastbrot
100 ml Gemüsebrühe
1 Zwiebel
375 g Mett
Salz
Pfeffer (a. d. Mühle)
2 El Öl
1 kleine Dose geschälte Tomaten (400 g)
1/8 l Schlagsahne
Zucker
1 El Paprikapulver (edelsüß)
1 Bund Schnittlauch

1. Die Bohnen in 1 l Wasser zugedeckt ca. 1 1/2–2 Stunden garen. Inzwischen das Toastbrot entrinden, würfeln und mit der Brühe übergießen.

2. Die Zwiebel pellen und fein würfeln. Das Mett mit Brot und den Zwiebelwürfeln verkneten, wenn nötig, mit Salz und Pfeffer nachwürzen. Etwa 12 kleine Klöße formen und im heißen Öl anbraten. Die Klößchen aus der Pfanne nehmen und beiseite stellen.

3. Die Tomaten mit Flüssigkeit zum Bratfond geben und offen dicklich einkochen lassen. Die Sahne zugeben, die Bohnen untermischen und mit Salz, Pfeffer, Zucker und Paprika würzen. In eine ofenfeste Form füllen und die Mettklößchen daraufsetzen.

4. Den Eintopf im vorgeheizten Backofen bei 225 Grad (Umluft 225 Grad, Gas 4) auf der 2. Einschubleiste von unten 20 bis 30 Minuten überbacken. Schnittlauch in Röllchen schneiden und darüberstreuen.

Zubereitungszeit: 2 1/4 Stunden
Pro Portion etwa 27 g E, 51 g F, 35 g KH = 734 kcal (3072 kJ)

Hacksteak mit Pilzen

Für 1 Portion:
150 g Beefsteakhack
1 Tl Senf
1 Tl Kapern (a. d. Glas)
1 El Mineralwasser
Salz
Pfeffer (a.d. Mühle)
2 El Öl
2 Zwiebeln
200 g Champignons
1 Tomate (50 g)
glatte Petersilie zum Garnieren

1. Das Hackfleisch mit Senf, Kapern, Mineralwasser, Salz und Pfeffer verkneten und eine Frikadelle formen.

2. Das Hacksteak im heißen Öl insgesamt etwa 16 Minuten braten, dabei immer wieder wenden.

3. Inzwischen die Zwiebeln pellen. 1 1/2 Zwiebeln in Ringe schneiden, die restliche Hälfte würfeln. Die Champignons

putzen, waschen und in Scheiben schneiden.

4. Die Zwiebelringe zum Hacksteak geben und braun anbraten. Das Hacksteak herausnehmen und heiß halten. Die Champignons zu den Zwiebeln geben und kräftig anbraten.

5. Die Tomate waschen, in Scheiben schneiden, mit den Zwiebelwürfeln, Salz und Pfeffer bestreuen.

6. Die Champignons und Zwiebeln salzen und pfeffern. Das Hacksteak mit den Champignonscheiben und den Tomatenscheiben anrichten, mit Petersilie garnieren.

Zubereitungszeit: 30 Minuten
Insgesamt etwa 38 g E, 17 g F, 6 g KH = 349 kcal (1459 kJ)

Paprikaauflauf

Für 4 Portionen:
3 rote Paprikaschoten
1 grüne Paprikaschote
100 g Zwiebeln
2 El Öl
750 g gemischtes Hack
100 g Paprikamark
Salz
Pfeffer (a.d. Mühle)
Paprikapulver (edelsüß)
2 El Mehl
20 g Butter oder Margarine
1/4 l Brühe
1 Paket Sahneschmelzkäse (200 g)
120 g Gouda (grob geraffelt)
Fett für die Form

1. Die Paprikaschoten vierteln, putzen und waschen. Die roten Paprika auf einem Backblech im vorgeheizten Backofen bei 250 Grad (Umluft 250 Grad, Gas 5–6) auf der obersten Einschubleiste so lange backen, bis die Haut dunkel wird und Blasen wirft. Dann herausnehmen und ein feuchtes Tuch über die Paprika legen. Die grüne Paprika würfeln.

2. Die Zwiebeln pellen, würfeln und im Öl glasig dünsten. Das Hack zugeben und krümelig anbraten. Das Paprikamark zugeben, mit Salz, Pfeffer und Paprikapulver würzen. Die grünen Paprikawürfel unterrühren.

3. Das Fett in einem Topf erhitzen, das Mehl zugeben und anschwitzen, mit Brühe auffüllen und 5 Minuten kochen lassen. Schmelzkäse und die Hälfte des Gouda unterrühren, mit Salz und Pfeffer würzen.

4. Die rote Paprika häuten. Abwechselnd mit Hackmischung und Käsesauce in eine gefettete Auflaufform schichten und mit dem restlichen Käse bestreuen. Dann im vorgeheizten Backofen bei 200 Grad (Umluft 200 Grad, 25–30 Minuten; Gas 3) auf der 2. Einschubleiste von unten 30–35 Minuten überbacken.

Zubereitungszeit: 1 Stunde
Pro Portion etwa 65 g E, 72 g F, 15 g KH = 1000 kcal (4191 kJ)

Schmorgurken-fleisch mit Dillkartoffeln

Für 1 Portion:
150 g Kartoffeln
300 g Schmorgurken
1 Zwiebel
130 g Hackfleisch
1 El Öl
2 Tl Senf
Salz
Pfeffer (a.d. Mühle)
1/8 l Brühe (Instant)
1 Bund Dill
10 g Butter oder Margarine

1. Die Kartoffeln waschen und in der Schale garen. Die Gurken schälen und halbieren. Mit einem Löffel die Kerne heraus-

schaben und die Gurkenhälften in Scheiben schneiden. Die Zwiebel pellen und würfeln.

2. Das Hackfleisch in Öl krümelig anbraten. Die Zwiebel dazugeben und glasig dünsten. Die Gurken hinzufügen und mit Senf, Salz und Pfeffer würzen. Die Brühe angießen und alles 15 Minuten offen garen.

3. Die Kartoffeln pellen und den Dill hacken. Das Fett zerlassen und die Kartoffeln darin schwenken. Mit Salz würzen und der Hälfte des Dills bestreuen.
Den restlichen Dill zum Gurkenfleisch geben.

Zubereitungszeit: 20 Minuten
Insgesamt etwa 35 g E, 45 g F, 27 g KH = 686 kcal (2870 kJ)

Linsen-Chili

Für 4 Portionen:
1 rote Paprikaschote
1 grüne Paprikaschote
3 Zwiebeln
500 g gemischtes Hack
2 El Öl
1 Dose Linsen (EW 800 g)
1 kleine Dose geschälte Tomaten (400 g)
4 El Tomatenmark
Salz, Pfeffer (a.d. Mühle)
1 Tl Chilipulver
1 El Zucker
1 Bund Schnittlauch

1. Die Paprikaschoten vierteln, entkernen, waschen und in Würfel schneiden. Die Zwiebeln pellen, halbieren und in halbe Ringe schneiden.

2. Das Hack in dem heißen Öl krümelig anbraten. Die Zwie-

beln und Paprika dazugeben und andünsten.

3. Die Linsen in einem Sieb abspülen, mit den Tomaten und deren Flüssigkeit zum Fleisch geben und 15 Minuten offen garen. Mit Tomatenmark, Salz, Pfeffer, Chilipulver und Zucker kräftig würzen.

4. Den Schnittlauch in Röllchen schneiden und vor dem Servieren darüberstreuen.

Zubereitungszeit: 40 Minuten
Pro Portion etwa 46 g E, 31 g F, 39 g KH = 646 kcal (2702 kJ)

Kräuter-Hackfleisch-Rolle

Für 4 Portionen:
2 Scheiben Toastbrot
2 Zwiebeln (90 g)
1 Bund Schnittlauch
2 Bund Dill
2 Bund glatte Petersilie
4 rohe Kalbsbratwürstchen (à 125 g)
3 Eier
Salz
Pfeffer (a.d. Mühle)
500 g gemischtes Hackfleisch
Muskatnuß (frisch gerieben)
Semmelbrösel zum Ausrollen
2 El Öl
1/4 l Brühe (Instant; Umluft 1/8 l mehr)
1 Sahneschmelzkäse (200 g)
3 El Weißwein

1. Das Toastbrot einweichen. Die Zwiebeln pellen und fein würfeln. Den Schnittlauch in Röllchen schneiden. Je 1 Bund Dill und Petersilie hacken. Das Bratwurstbrät mit Schnittlauch, gehackten Kräutern und 1 Ei verkneten, mit Salz und Pfeffer abschmecken.

2. Das Hackfleisch mit den restlichen Eiern, ausgedrücktem Toastbrot und den Zwiebeln verkneten, mit Salz, Pfeffer und Muskat abschmecken.

3. Das Hackfleisch auf der mit Semmelbröseln bestreuten Arbeitsfläche zu einer Platte von 40 x 30 cm ausrollen. Die Bratwurstmasse daraufstreichen. Die Hackplatte der

Länge nach aufrollen und auf die mit Öl bestrichene Saftpfanne legen.

4. Die Hackrolle im vorgeheizten Ofen bei 200 Grad (Umluft 200 Grad, 50–60 Minuten; Gas 3) auf der 2. Einschubleiste von unten 40–50 Minuten garen. Nach und nach mit der Brühe begießen.

5. Nach dem Garen den Bratensaft in einen Topf umgießen und mit dem Schmelzkäse verrühren. Restliche Kräuter hacken und in die Sauce geben. Mit Salz, Pfeffer und Wein abschmecken.

Zubereitungszeit: 1 1/2 Stunden
Pro Portion etwa 56 g E, 81 g F, 12 g KH = 1049 kcal (4389 kJ)

Blumenkohl-Curry-Auflauf

Für 4 Portionen:
500 g Kartoffeln
Salz
1 Blumenkohl (1 kg)
1 Zwiebel (60 g)
500 g gemischtes Hack
2 El Öl
Pfeffer (a.d. Mühle)
Fett für die Form
3 Eier (Gew.–Kl. 2)
3/8 l Milch
2 Tl Curry
Muskatnuß (frisch gerieben)

1. Die Kartoffeln schälen, waschen und quer in dünne Scheiben schneiden. Die Kartoffelscheiben in Salzwasser 5 Minuten kochen, mit der Schaumkelle herausnehmen und abtropfen lassen.

2. Inzwischen den Blumenkohl putzen, in Röschen teilen, waschen und in Salzwasser 7 Minuten kochen. Mit der Schaumkelle herausnehmen und abtropfen lassen.

3. Die Zwiebel pellen, halbieren und würfeln. Mit dem Hack im heißen Öl kräftig anbraten, mit Salz und Pfeffer würzen.

4. Eine Auflaufform ausfetten. Die Kartoffeln einfüllen, mit der Hackmasse bestreichen und die Blumenkohlröschen auf das Hack drücken.

5. Die Eier mit Milch verquirlen, mit Curry, Salz, Pfeffer und Muskat würzen und über den Auflauf gießen.

6. Den Auflauf im vorgeheizten Backofen bei 200 Grad (Umluft 200 Grad, 40 Minuten; Gas 3) auf der 2. Einschubleiste von unten 20–30 Minuten backen.

Zubereitungszeit: 1 Stunde
Pro Portion etwa 45 g E, 47 g F, 25 g KH = 722 kcal (3018 kJ)

Moussaka

Für 12 Portionen:
1,5 kg Kartoffeln
1 El Öl
Salz
Pfeffer (a.d. Mühle)
500 g Auberginen
500 g Zwiebeln
3 Knoblauchzehen
1,5 kg gemischtes Hackfleisch
1 Bund Thymian
1 Tl Rosmarinnadeln
1 kg Tomaten
10 Eier (Gew.–Kl. 3)
1/8 l Milch

1. Die Kartoffeln schälen, waschen und in dünne Scheiben schneiden. Die Saftpfanne mit dem Öl auspinseln. Die Kartoffelscheiben hineinlegen, salzen und pfeffern. Im Backofen bei 200 Grad (Umluft 200 Grad, Gas 3) auf der 2. Einschubleiste von unten 25 Minuten backen.

2. Die Auberginen waschen, in Scheiben schneiden, auf Küchenpapier ausbreiten und salzen. Die Zwiebeln und den Knoblauch pellen und würfeln.

3. Das Hackfleisch ohne Fett anbraten und dabei zerkrümeln. Zwiebeln und Knoblauch zugeben und glasig dünsten. Mit Salz und Pfeffer abschmecken.

4. Die Hälfte der Thymianblättchen über die Kartoffeln streuen. Das Hackfleisch darauf verteilen und mit den Rosmarinnadeln bestreuen. Die Tomaten einritzen, in kochendes Wasser legen, abschrecken, häuten, vierteln und entkernen.

5. Die Auberginenscheiben und die Tomatenviertel auf das Hackfleisch legen. Die Eier mit der Milch, Salz und Pfeffer verquirlen und darübergießen. Im vorgeheizten Ofen bei 200 Grad (Umluft 200 Grad, 55–60 Minuten; Gas 3) auf der 2. Einschubleiste von unten 40–45 Minuten backen. Den restlichen Thymian darüberstreuen.

Zubereitungszeit: 2 1/4 Stunden
Pro Portion etwa 42 g E, 33 g F, 22 g KH = 572 kcal (2392 kJ)

6. Kapitel
SCHMOREN

Das Kalbsragout wird bei milder Hitze geschmort und mit Pfifferlingen verfeinert. Dazu paßt Schnittlauch-Reis.
Rezept Seite 62

In das klassische Rindergulasch gehören zwar keine Paprikaschoten, aber sie bringen außer Geschmack auch noch Farbe ins Gericht

Kalbsragout

(Zum Foto von Seite 61)
Für 4 Portionen:
1,3–1,5 kg Kalbsschulter
1 Zwiebel
1 Knoblauchzehe
1 Glas trockener Weißwein
etwa 1/4 l Brühe (Instant)
3 El Crème fraîche
Salz, Pfeffer (a.d.Mühle)
300 g Pfifferlinge
20 g Butter

1. Fleisch mit der Fettseite nach unten in einen Topf legen, damit das Fett ausbrät, dann bei milder Hitze rundherum bräunen.

2. Zwiebel und Knoblauch würfeln, zugeben und andünsten, mit Wein ablöschen, Brühe zugeben, zugedeckt etwa 40–50 Minuten schmoren, aus dem Topf nehmen.

3. Sauce etwas einkochen lassen, mit 2–3 El Wein, Crème fraîche, Salz und Pfeffer würzen.

4. Pilze waschen, im Fett dünsten. Fleisch von den Knochen lösen, mit Pilzen in die Sauce geben.

Zubereitungszeit: 1 Stunde, 10 Minuten
Pro Portion etwa 77 g E, 18 g F, 5 g KH = 545 kcal (2278 kJ)

1 Schmoren macht jedes Fleisch zart

Geschmort werden kann auf zweierlei Art: **im Topf** und **im Backofen**. Ein Gulasch oder Ragout wird im Topf geschmort, ein Braten im Backofen. Bei beiden Garmethoden wird das Fleisch in einem **großen, schweren Topf**, am besten aus Gußeisen oder emailliertem Stahl, in **heißem Fett** (portionsweise) von allen Seiten braun angebraten. Dadurch schließen sich die Fleischporen, das Fleisch bleibt innen saftig und wird außen knusprig braun. Bei **milder Hitze** wird das Fleisch dann mit **wenig Flüssigkeit** im geschlossenem Topf (oder offen im Backofen) gegart. Zum Schmoren muß man nicht die klassischen Braten nehmen, Geschmortes schmeckt gut aus Fleischstücken von Schulter, Keule oder Nacken. Schmorgerichte verlieren durch Aufwärmen nicht an Aroma, sondern schmecken häufig noch kräftiger. Deshalb lohnt es sich, gleich größere Portionen Gulasch oder Braten zu schmoren und als Vorrat einzufrieren.

Schmorgerichten schadet es nicht, wenn sie über die Garzeit hinaus schmoren. Zeit spart man, wenn das Gulasch im Dampfdrucktopf schmort: Die Garzeit verkürzt sich um etwa zwei Drittel.

Wichtig für ein Gulasch: Fast soviel Zwiebeln nehmen wie Fleisch. Zum Würzen Paprikapulver edelsüß

2 Gulasch in vielen Variationen

Das klassische Gulasch ist das Rindergulasch. Es können aber auch Fleischwürfel vom Schwein, Lamm, Kalb, Reh oder Hirsch geschmort werden. **Die durchwachsenen Stücke** wie Hals, Nacken und Schulter sind zum Schmoren besonders geeignet, weil sie saftig sind und kräftig schmecken.

Das Fleisch sollte nicht zu klein geschnitten, sondern aus etwa drei Zentimeter großen Würfeln sein. Zum Anbraten nimmt man hoch erhitzbares Öl, Butter- oder Schweineschmalz. Das Fett wird im Schmortopf erhitzt und die Fleischwürfel bei starker Hitze schnell von allen Seiten gebräunt, und zwar portionsweise, weil sonst der Fleischsaft austritt. Wenn das Fleisch angebraten ist, kommen die gepellten und gewürfelten Zwiebeln in den Topf und werden glasig gedünstet.

Für ein gutes Gulasch sollten fast soviel Zwiebeln genommen werden wie Fleisch; denn dadurch entwickelt sich eine kräftige Sauce, die nicht mit Mehl gebunden werden muß. **Für 4 Portionen rechnet man etwa 750 g Fleisch und 500 g Zwiebeln.**

Sind die Zwiebeln gedünstet, wird das Fleisch wieder in den Topf gegeben und mit Salz, Pfeffer, edelsüßem Paprika (1–2 Eßlöffel), 2 Tomaten (oder Tomatenmark) und nach Belieben mit einer zerdrückten Knoblauchzehe gewürzt und mit heißer Brühe abgelöscht. Das Fleisch soll nur knapp bedeckt sein. Die Brühe muß einmal aufgekocht werden, dann wird die Hitze soweit heruntergeschaltet, daß es im Topf noch leise brodelt. Das Gulasch muß zugedeckt schmoren, sonst wird es nicht gleichmäßig gar. Nach Bedarf gießt man noch etwas Flüssigkeit zu.

Das Rindergulasch braucht mindestens 60 Minuten. Schweine- und Kalbfleisch sind weicher im Fleisch und deshalb etwas eher gar.

Variation: In einem Gulasch schmecken auch Paprikaschoten, Pilze oder andere Gemüse, die etwa 20 Minuten vor Garende zugegeben werden. Die Brühe läßt sich ganz oder teilweise durch Rotwein ersetzen. Statt Paprikapulver würzt man Lamm und Schwein auch mit Curry.

Schmeckt mit und ohne Rosinen: saftig-mürber Sauerbraten

Zwei bis drei Tage wird das Fleisch in Wein-Essig-Marinade eingelegt

Wichtig vor dem Anbraten: Das Fleisch muß ringsherum trockengetupft werden

Das mitgeschmorte Gemüse wird in dem Sud püriert. Es bindet so die Sauce

3 Würzig mariniert: der Sauerbraten

Durch die **Marinade** wird der Sauerbraten würzig und mürbe. **Er wird mindestens zwei Tage eingelegt und muß völlig von der Marinade bedeckt sein**. Man kann dafür eine Schüssel nehmen oder einfach einen Gefrierbeutel, der etwas größer ist als das Stück Fleisch (Foto oben links). Der Braten wird nach dem Einfüllen der Marinade verschlossen (eine Schüssel wird gut zugedeckt). Das Fleisch kommt so für zwei bis drei Tage in den Kühlschrank.

Vor dem Schmoren wird das Fleisch aus der Marinade genommen und mit Küchenpapier abgetupft (Foto Mitte), ehe es mit Salz eingerieben und auf dem Herd im Schmortopf in heißem Fett von allen Seiten gebräunt wird. Anschließend werden gewürfelte Zwiebeln und zerkleinertes Suppengrün im Fett angedünstet. Danach wird mit 1/4 l Marinade abgelöscht, die vorher durch ein Sieb gegossen wurde. Die Gewürze und Gemüse aus der Marinade werden nicht weiter verwendet, sie sind ausgelaugt und könnten bitter schmecken. Zum Fleisch wird noch 1/2 bis 3/4 l Rotwein gegossen, der Sud einmal aufgekocht, fest zugedeckt und in den vorgeheizten Backofen geschoben. Der Sauerbraten schmort bei 225 Grad (Umluft 225 Grad, 2 1/2–3 Stunden; Gas 4) etwa 2–2 1/2 Stunden. Bei Bedarf zwischendurch mit etwas heißem Wasser oder Wein begießen.

Wichtig: **Der Braten soll immer nur bis zur Hälfte im Bratensud liegen und nicht in Flüssigkeit schwimmen!** Sonst wird er nicht geschmort, sondern gekocht. Ist der Braten gar, wird das Fleisch herausgenommen und im ausgeschalteten Ofen zugedeckt warm gestellt.

Für die Sauce püriert man das Gemüse mit dem Schneidstab des Handrührers (Foto rechts), läßt sie bei Bedarf noch etwas einkochen und bindet sie nach Belieben mit etwas dunklem Saucenbindemittel.

Für einen Sauerbraten rechnet man für 6 bis 8 Portionen etwa 1,5 kg Rinderschmorbraten aus der Keule (z.B. Tafelspitz) oder aus der Schulter (Falsches Filet).

Für die Marinade reichen: 1/4 l Rotweinessig, 1 Stange Porree, 1 Möhre, 1 Stück Sellerie, 2 Zwiebeln (in Spalten geschnitten), 5 Lorbeerblätter, 4 Nelken, 10 Wacholderbeeren, 20 schwarze Pfefferkörner und 4 Nelken. Der Sud wird mit Rotwein und/oder Wasser aufgefüllt, bis das Fleisch bedeckt ist (insgesamt etwa 1,5 l).

Für einen Schmorbraten in Rotwein nimmt man einen kräftigen Rotwein, wie zum Beispiel einen Burgunder, Beaujolais oder Côtes du Rhône und keinen Essig zum Marinieren. In die Marinade gibt man Suppengrün, Kräuter und Gewürze. Geschmort wird er in der durchgesiebten Marinade. Die Sauce wird mit Crème fraîche gebunden.

Zum Sauerbraten passen Kartoffeln, Kartoffel- oder Semmelklöße und Gemüse. Wer die Sauce süß mag, gibt 100 g in Wasser vorgequollene Rosinen dazu.

Rotkohlrouladen

Für 4 Portionen:
8 Rotkohlblätter (vom Kohlkopf gelöst)
3 Scheiben Toastbrot
1 Zwiebel
500 g Mett
3 Eier
1 El Senf
Salz
Pfeffer (a.d. Mühle)
30 g Butterschmalz
2 Tl Kümmel
1/4 l Brühe (Instant)
1/4 l Schlagsahne
2–3 El helles Saucenbindemittel

1. Die Mittelrippen der Rotkohlblätter flachschneiden.

Jeweils 2 Blätter übereinanderklappen.

2. Das Toastbrot in kaltem Wasser einweichen und gut ausdrücken. Die Zwiebel pellen und fein würfeln. Mett, Eier, Senf, Toastbrot, Zwiebelwürfel, Salz und Pfeffer verkneten. Die Masse auf die Kohlblätter verteilen.

3. Die Rouladen aufrollen, mit Holzstäbchen zusammenstecken und in dem heißen Butterschmalz rundherum anbraten. Kümmel und Brühe zugeben und zugedeckt 40–50 Minuten schmoren lassen.

4. Die Rouladen herausnehmen und warm halten. Die Sahne zum Bratfond gießen und aufkochen lassen. Das Saucenbindemittel zugeben, aufkochen lassen und mit den Rouladen servieren.
Nach Belieben die Rouladen mit gebratenen Speckstreifen belegen.

Zubereitungszeit: 1 1/2 Stunden
Pro Portion etwa 27 g E, 79 g F, 21 g KH = 939 kcal (3934 kJ)

Gebeizte Entenbrust

Für 4 Portionen:
1 Tl Korianderkörner
1 Tl weiße Pfefferkörner
4 Pimentkörner
13 Wacholderbeeren
4 Lorbeerblätter
3 Entenbrustfilets (à 300 g)
4 kleine Zwiebeln
Salz
1 Becher Crème fraîche (200 g)
1–2 El dunkles Saucenbindemittel
Pfeffer (a.d. Mühle)
1 Prise Zucker

1. Koriander, Pfeffer und Piment mahlen. 10 Wacholderbeeren mit dem Messer flachdrücken und sehr fein hacken. Die Lorbeerblätter zerreiben. Die Gewürze mischen.

2. Die Haut der Entenbrustfilets mit dem Messer rautenförmig einritzen. Die Filets von beiden Seiten mit der Gewürzmischung einreiben, in einen Gefrierbeutel legen und über Nacht durchziehen lassen.

3. Die Zwiebeln pellen und vierteln. Das Fleisch aus dem Beutel nehmen, von beiden Seiten salzen und 3 Minuten auf der Hautseite ohne Fett im Bräter anbraten, wenden.

4. Die Zwiebeln zugeben, andünsten und mit 3/8 l Wasser ablöschen. Das Ganze im vorgeheizten Backofen bei 225 Grad (Umluft 200 Grad, Gas 4) etwa 15–20 Minuten offen garen.

5. Das Fleisch aus dem Topf nehmen und im Backofen heiß halten. Den Bratensud entfetten. Die restlichen Wacholderbeeren zerdrücken, mit Crème fraîche zum Bratensud geben.

6. Die Sauce mit dem Saucenbindemittel aufkochen. Mit Salz, Pfeffer und Zucker würzen.

7. Das Fleisch aufschneiden und mit der Sauce servieren. Dazu passen Preiselbeerkompott und ein Salat aus Radicchio, Feldsalat und Pinienkernen.

Zubereitungszeit: 50 Minuten + 1 Nacht
Pro Portion etwa 42 g E, 54 g F, 8 g KH = 723 kcal (3028 kJ)

Lammragout

Für 4–6 Portionen:
750 g Lammkeule (entbeint)
250 g Zwiebeln
4 El Öl
Salz
Pfeffer (a.d. Mühle)
1 Msp. Kardamom
1 Tl Zimt (gemahlen)
abgeriebene Schale von 1 unbehandelten Zitrone
Cayennepfeffer
1 Dose Aprikosenhälften (820 g)
1 Becher Sahnejoghurt (150 g)
1 El Mehl

1. Das Lammfleisch von Fett und Sehnen befreien und in Würfel schneiden. Die Zwiebeln pellen, halbieren und in Scheiben schneiden.

2. Das Fleisch im heißen Öl rundherum braun anbraten. Die Zwiebeln zugeben und glasig dünsten.

3. Das Fleisch und Zwiebeln mit Salz, Pfeffer, Kardamom, Zimt, dünn abgeschnittener Zitronenschale und Cayennepfeffer würzen. Den Aprikosensaft aus der Dose dazugießen. Den Joghurt mit Mehl glattrühren und ebenfalls dazugeben.

4. Das Ragout zugedeckt bei milder Hitze 1 Stunde garen. Die abgetropften Aprikosenhälften dritteln, in den letzten 5 Minuten zugeben und erhitzen, eventuell nachwürzen.
Dazu paßt Reis.

Zubereitungszeit: 1 Stunde, 20 Minuten
Pro Portion (bei 6 Portionen) etwa 24 g E, 29 g F, 28 g KH = 488 kcal (2044 kJ)

Kalbsbraten mit Porreesauce

Für 4 Portionen:
800 g Kalbsbraten (aus der Keule)
Salz
Pfeffer (a.d. Mühle)
30 g Butterschmalz
1/8 l Brühe (Instant)
800 g Porree
1/8 l Weißwein
2 El körniger Senf
100 g Crème fraîche
1–2 El helles Saucenbindemittel

1. Das Fleisch mit Salz und Pfeffer würzen und in dem heißen Butterschmalz rundherum braun anbraten. Brühe zugießen und zugedeckt 40 Minuten schmoren.

2. Den Porree putzen, waschen und in Ringe schneiden. Nach 40 Minuten Weißwein, Senf und Crème fraîche unterrühren, dann den Porree zugeben.

3. Alles zugedeckt weitere 20–25 Minuten garen. Das Fleisch herausnehmen und in Scheiben schneiden.

4. Die Sauce mit Salz und Pfeffer würzen. Das Saucenbindemittel einstreuen, nochmals aufkochen lassen und das Fleisch mit der Porreesauce servieren.

Zubereitungszeit: 1 Stunde
Pro Portion etwa 45 g E, 19 g F, 8 g KH = 427 kcal (1785 kJ)

Geschmorte Gänsekeulen

Für 4 Portionen:
3 Zwiebeln (175 g)
4 Gänsekeulen (à 400 g)
Salz
Pfeffer (a.d. Mühle)
250 g Möhren
200 g Sellerie
250 g Porree
1/4 l Brühe (Instant)
1 Tl dunkles Saucenbindemittel

1. Die Zwiebeln pellen und vierteln. Die Gänsekeulen putzen und mit Salz und Pfeffer würzen. Die Keulen erst auf der Hautseite rundherum ohne Fett anbraten, dann wenden und weiterbraten.

2. Die Zwiebeln zugeben und glasig dünsten. Mit 1/8 l Wasser ablöschen und zugedeckt etwa 60 Minuten bei mittlerer Hitze schmoren.

3. Inzwischen die Möhren und den Sellerie schälen. Die Möhren in Scheiben schneiden, den Sellerie in Würfel. Den Porree putzen und in Ringe schneiden.

4. Vom Bratenfett 6 El abnehmen. Das Gemüse in 3 El Bratenfett andünsten, mit der Brühe ablöschen und zugedeckt 15–20 Minuten garen.

5. Den restlichen Bratensud der Keulen abgießen, entfetten und zum Gemüse geben. Die Keulen mit den restlichen 3 El Bratenfett offen auf der Hautseite weiterbraten.

6. Das Gemüse aufkochen, das Saucenbindemittel einstreuen, salzen und pfeffern. Die Keulen auf dem Gemüse anrichten.

Zubereitungszeit: 1 Stunde, 25 Minuten
Pro Portion etwa 50 g E, 94 g F, 9 g KH = 1140 kcal (4765 kJ)

Rinderrouladen

Für 4 Portionen:
3 Zwiebeln
6 kleine Gewürzgurken (ca. 120 g)
6 Rinderrouladen (à 180 g)
Salz
Pfeffer (a.d. Mühle)
6 Tl Senf
6 Scheiben durchwachsener Speck
40 g Butterschmalz
1/4 l Steinpilzbrühe (a.d. Glas, Reformhaus)
1/8 l Schlagsahne
2–3 El dunkles Saucenbindemittel

1. Die Zwiebeln pellen und in Ringe schneiden. Die Gurken längs in Scheiben schneiden.

2. Die Rouladen von beiden Seiten salzen, pfeffern und jeweils eine Seite mit Senf be-

streichen. Den Speck, Zwiebeln und Gurken darauflegen.

3. Die Rouladen aufrollen, mit Holzstäbchen zustecken. Im heißen Butterschmalz rundum anbraten.

4. Die Brühe dazugießen. Die Rouladen zugedeckt bei mittlerer Hitze 1–1 1/2 Stunden schmoren, zwischendurch wenden.

5. Die fertigen Rouladen herausnehmen, die Holzstäbchen entfernen und die Rouladen warm stellen.

6. Die Sahne zum Bratsud gießen und aufkochen lassen. Das Saucenbindemittel einstreuen, nochmals aufkochen lassen. Sauce eventuell nachwürzen. Die Rouladen mit der Sauce servieren.
Dazu passen grüne Bohnen.

Zubereitungszeit: 2 Stunden
Pro Portion etwa 60 g E, 50 g F, 8 g KH = 764 kcal (3194 kJ)

Putenbrust mit Ananassauce

Für 4 Portionen:
1 kleine Ananas (800 g)
500 g Putenbrust
Salz
Pfeffer (a.d. Mühle)
30 g Butterschmalz
1 El Curry
1/8 l Brühe (Instant)
100 g Crème fraîche
1 El Zucker

1. Die Ananas sechsteln und den Strunk herausschneiden. Das Fruchtfleisch von der Schale lösen und in kleine Stücke schneiden.

2. Die Putenbrust mit Salz und Pfeffer einreiben und in dem heißen Fett rundherum anbraten.

3. Die Ananas zugeben, Curry darüberstäuben und mit der Brühe ablöschen. Zugedeckt 20–30 Minuten bei milder Hitze garen.

4. Das Fleisch herausnehmen, in Scheiben schneiden und warm stellen. Crème fraîche in die Sauce rühren.

5. Einige der Ananasstücke beiseite stellen. Den Rest der Sauce mit dem Schneidstab des Handrührers pürieren. Die Sauce mit Salz, Pfeffer und Zucker abschmecken.

6. Die restlichen Ananasstücke wieder in die Sauce geben und mit dem Fleisch servieren. Dazu paßt Reis.

Zubereitungszeit: 50 Minuten
Pro Portion etwa 31 g E, 17 g F, 19 g KH = 365 kcal (1530 kJ)

7. Kapitel

HUHN AUS DEM BACKOFEN

Zum zarten Geschmack der gebratenen Poularde paßt sehr gut eine Füllung aus Geflügelleber und Reis.
Rezept Seite 72

HUHN AUS DEM BACKOFEN

Poularde mit Leber-Reis-Füllung

(Zum Foto von Seite 71)
Für 4 Portionen:
1 küchenfertige Poularde (1,3 kg)
Salz
Pfeffer (a.d.Mühle)
120 g Langkornreis
2 Zwiebeln
5 El Öl
(oder 80 g Butterschmalz)
250 g Geflügelleber
1 Tl getrockneter Estragon
2 Eier
1 El Crème fraîche
Muskatnuß
(frisch gerieben)
2–3 El feingewürfeltes Suppengrün
1 kleine Tomate
1/4 l Hühnerbrühe (oder 1/8 Brühe und 1/8 l Schlagsahne)
braunes Saucenbindemittel

1. Die Poularde abspülen, trockentupfen, innen und außen salzen und pfeffern.

2. Für die Füllung den Reis in Salzwasser 10 Minuten kochen, abtropfen lassen. Zwiebeln pellen, fein würfeln und in 2 El Fett dünsten. Leber fein würfeln und mit Estragon dazugeben, 5 Minuten mitgaren.

3. Eier mit Crème fraîche verrühren, Reis und Lebergemisch unterrühren, mit Salz, Pfeffer und Muskat würzen. Masse in die Poularde füllen. Öffnung mit Holzstäbchen und mit Küchengarn verschließen.

4. Die Poularde im restlichen Fett anbraten, Suppengrün und die gewürfelte Tomate zugeben. Die Poularde im vorgeheizten Ofen bei 200 Grad (Umluft 200 Grad, Gas 3) etwa 50–65 Minuten braten. Bei Bedarf mit etwas Hühnerbrühe übergießen.

5. Überschüssiges Fett abschöpfen. Bratensatz mit Brühe oder Schlagsahne lösen, durch ein Sieb gießen. Die Sauce etwas einkochen lassen und nach Belieben mit Saucenbindemittel andicken.

Zubereitungszeit: 1 1/2 Stunden
Pro Portion etwa 88 g E, 45 g F, 27 g KH = 914 kcal (3821 kJ)

Knuspriger geht's nicht: Brathühnchen aus dem Ofen mit jungem Gemüse und neuen Kartoffeln

1 Zum Füllen wie geschaffen

Kein anderes Fleisch bietet sich so zum Füllen an wie Geflügel: Schließlich liefert das Federvieh den Hohlraum von Natur aus mit. **Das Füllen hat mehrere Vorteile**: Das Geflügel behält seine Form, das Fleisch bleibt sehr saftig und es schmeckt würziger, weil das Aroma der Füllung leicht in das Fleisch eindringt.
Besonders beliebt ist eine würzige Leberfüllung: Sie paßt sehr gut zum milden Geschmack des Geflügels (siehe Rezept links).
Eine schnelle Variante ist das Füllen mit Äpfeln, Zwiebeln und Kartoffeln. Sie werden ganz oder kleingeschnitten in den Bauch gefüllt.
Fruchtig-süß schmeckt eine Füllung aus eingeweichtem Trockenobst, nach Belieben verfeinert mit Pistazien, Cashewkernen oder anderen Nüssen. Oder man füllt das Geflügel mit einem Hackfleischteig.

Mehr Zutaten sind nicht nötig, um eine saftige Poularde mit Leber-Reis-Füllung zu servieren

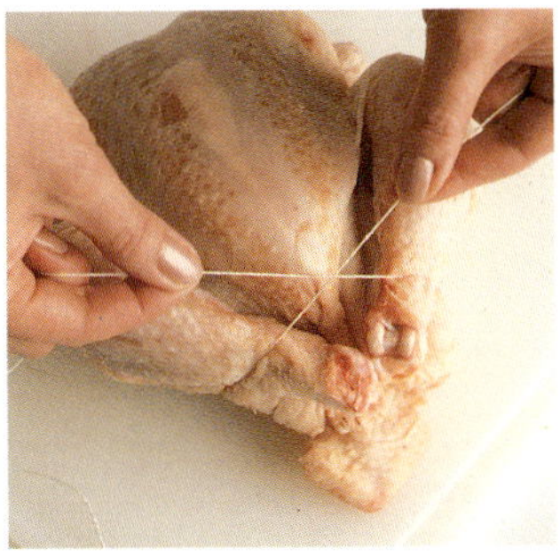

Vor dem Braten: Keulen mit Garn verschnüren

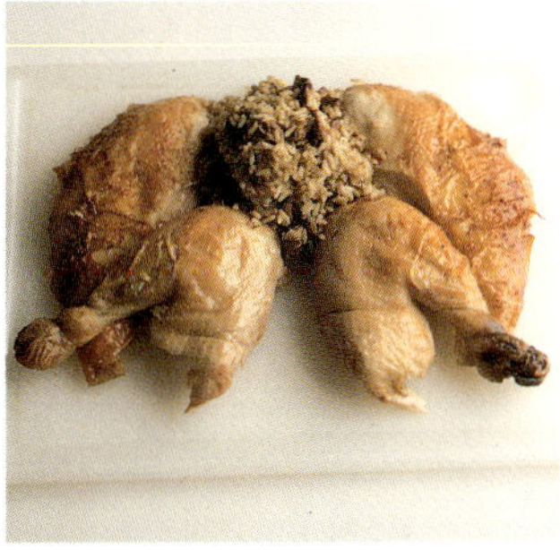

Eine Poularde wird in vier Portionen geschnitten

Die Füllung wird in die vorbereitete Poularde gegeben. Die Öffnung wird zuerst mit Holzstäbchen zugesteckt und dann mit Küchengarn zugenäht. Damit die Poularde schön in Form bleibt, werden die **Keulen vor dem Braten zusammengebunden** (Foto links unten).
Geflügel brät man bei 200 Grad (Umluft 200 Grad, Gas 3) im vorgeheizten Ofen. Normalerweise brät eine Poularde etwa 40 bis 50 Minuten. **Bei gefülltem Geflügel verlängert sich jedoch die Garzeit** – je nach Menge der Füllung, um etwa 10 bis 15 Minuten.
Während das Geflügel im Backofen ist, sollte man es zwischendurch kontrollieren, damit Haut und Fleisch nicht verbrennen. Das verhindert man, indem eßlöffelweise das Geflügel mit etwas Hühnerbrühe (Instant oder aus dem Geflügelklein gekocht) begossen wird.
Die gebratene Poularde schneidet man nach dem Braten in vier Portionen: in die beiden Keulen und die Bruststücke mit dem Flügelansatz (Foto links unten).

2 Bevor das Huhn gebraten wird

Geflügel wird heute fast immer bratfertig angeboten, das heißt gerupft und ausgenommen. Für das Braten im Ofen nimmt man am besten ein frisches, junges Huhn, also eine **„Poularde"**. Sie sollte etwa 1,3 kg schwer sein, dann ist sie fleischig und auch ein wenig fett, so daß sie beim Braten saftig bleibt. Junge **Hähnchen**, die weniger als 1 kg wiegen, sind zu mager und werden besser gegrillt oder geschmort.
Beim Kauf von tiefgefrorenem Geflügel muß man darauf achten, daß die Folie nicht eingerissen und das Fleisch nicht mit „Schnee" behaftet ist. Auch Fleisch, das rote oder blaue Stellen hat, ist minderwertig.
Tiefgefrorenes Geflügel muß vor dem Braten völlig aufgetaut sein, am besten über Nacht im Kühlschrank. Dazu wird das ausgewickelte Geflügel auf ein Sieb oder einen umgedrehten Teller in eine Schüssel gesetzt. So kann die Auftauflüssigkeit ablaufen. **Das Tauwasser muß weggegossen werden**; denn: Nahezu jedes Geflügel ist von Salmonellen (Bakterien) befallen.
Geflügelklein (Hals, Magen, Herz) wird herausgenommen. Man brät es mit oder kocht daraus etwas Brühe, um damit das Hähnchen zu begießen oder die Sauce zu würzen oder zu verlängern.
Die Leber legt man in den Poulardenbauch oder gibt sie, wenn die Brühe zum Übergießen selbst gekocht wird, erst in den letzten 10 Minuten dazu; sie wird sonst hart.
Vor dem Braten muß das Geflügel sorgfältig unter fließendem Wasser abgespült und anschließend gut mit Küchenpapier trockengetupft werden. Die Poularde wird innen und außen mit Salz und Pfeffer eingerieben.
Dann wird das Geflügel „dressiert" (zusammmengebunden), damit es in Form bleibt. Dazu die Flügel auf den Rücken biegen und die Keulen mit Küchengarn zusammenbinden.

3 Brathühnchen mit Gemüse

Die Beilagen werden bei diesem Gericht von Anfang an mit dem Hühnchen im Bräter mitgegart: Für 4 Portionen nimmt man eine 1,2–1,5 kg schwere Poularde, 2 Möhren, 2 Kohlrabi (insgesamt etwa 400 g), 500 g Kartoffeln und 4 kleine Zwiebeln. Gemüse und Kartoffeln werden geschält, in dicke Scheiben, Stifte oder Viertel geschnitten (großes Foto links) und in 30 g Butterschmalz im Bräter auf dem Herd kurz angedünstet. Dann wird die vorbereitete und gewürzte Poularde dazugelegt (Gemüse etwas zur Seite schieben) und die Brust mit 30 g weicher Butter bestrichen. Poularde im vorgeheizten Ofen bei 200 Grad (Umluft 200 Grad, Gas 3) braten. Je nach Größe, ist das Fleisch nach 45–60 Minuten gar. **Geflügel muß immer völlig duchgebraten sein**. 10 Minuten vor Garende gibt man 1 Paket Tiefkühlerbsen (300 g) dazu. Während des Bratens öfter kontrollieren, ob das Geflügel nicht zu braun wird; dann eventuell mit etwas Hühnerbrühe (Instant oder aus dem Hühnerklein gekocht) begießen. Nach Belieben Gemüse würzen und gehackte Petersilie zugeben.
Die Kruste des Hühnchens schmeckt auch gut, wenn sie mit einer Mischung aus Salz, Pfeffer und edelsüßem Paprikapulver eingerieben wird.
Je nach Belieben kann die Poularde mit anderem Gemüse geschmort werden wie Porree, Sellerie oder Tomaten.

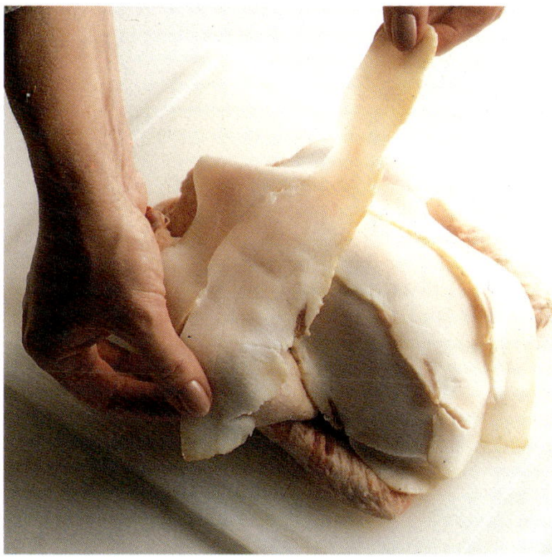
Poularde mit Speck belegen

Crème fraîche zur Poularde geben

4 Brathähnchen mit Sahnesauce

Wer ein Freund von Saucen ist, kommt bei diesem Gericht auf seinen Geschmack: saftiges Brathähnchen mit einer Crème-fraîche-Sauce.
Die Poularde wird vorbereitet, gewürzt und „dressiert" (Kapitel 2). Anschließend wird die Poularde **„bardiert"**, das heißt, man belegt sie auf der Brust und auf den Keulen mit dünnen Scheiben von geräuchertem, fettem Speck (Foto oben). Dieser Speckmantel schützt das Fleisch vor dem Austrocknen und verleiht ihm gleichzeitig einen würzigen Geschmack. Das Bardieren empfiehlt sich auch für fettarmes Wildgeflügel wie Fasan, Perlhuhn und Taube.
So vorbereitet, legt man die Poularde in den Bräter, in dem vorher etwas Butterschmalz zerlassen wurde, und schiebt sie in den auf 200 Grad vorgeheizten Ofen (Umluft 200 Grad, Gas 3). Nach etwa 30 Minuten, wenn der Speck ausgebraten und die Poularde leicht gebräunt ist, gießt man drei bis vier Löffel Crème fraîche (von insgesamt 150–200 g) dazu und läßt sie mitbräunen (Foto oben rechts). Nach 45–60 Minuten sollte das Fleisch gar und goldbraun sein, die Speckscheiben werden gegen Ende der Garzeit entfernt. Man nimmt die Poularde aus dem Bräter, stellt sie warm und löst die Röststoffe mit einem Pinsel und der restlichen Crème fraîche (Foto rechts). Die Sauce nochmals in einem Topf aufkochen, abschmecken und nach Belieben etwas dunkles Saucenbindemittel dazugeben.
Dieses Brathähnchen läßt sich noch verfeinern: Dazu gibt

Für die Sauce: Röststoffe mit einem Pinsel lösen

man ein Bund Kräuter nach Wahl (Petersilie, Kerbel, Estragon, Thymian) und zwei geviertelte Zwiebeln (Schalotten) zusammen mit einem Stück Butter in den Bauch der Poularde. Diese Füllung wird vor dem Servieren herausgenommen: Oder man streicht das Innere mit zwei Eßlöffeln (etwa 30 g) Sahnefrischkäse mit Kräutern aus.

Coq au vin

Für 6 Portionen:
1 Poularde (1,7 kg)
Salz
Pfeffer (a.d. Mühle)
300 g Schalotten
150 g durchwachsener Speck (in Scheiben)
300 g Champignons
4 El Öl
40 g Mehl
1 Flasche Beaujolais
1 El Zucker
1 Bund glatte Petersilie

1. Die Poularde in 8 Teile zerlegen, salzen und pfeffern. Die Schalotten pellen, den Speck in Streifen schneiden, die Champignons putzen und waschen.

2. Den Speck im heißen Öl in einem Bräter ausbraten und mit der Schaumkelle herausnehmen. Die Poulardenteile im Fett rundum anbraten, die Schalotten zugeben und andünsten.

3. Die Champignons dazugeben und mit anbraten, den Speck wieder in den Topf geben, das Mehl darüberstäu-

ben, untermischen und kurz anschwitzen.

4. Etwas Rotwein dazugießen, das Huhn im vorgeheizten Ofen bei 200 Grad (Umluft 200 Grad, Gas 3) auf der 2. Einschubleiste von unten 1 Stunde garen, dabei nach und nach den ganzen Rotwein zugießen, mit Salz, Pfeffer und Zucker würzen und mit Petersilie bestreuen.
Dazu paßt Baguette.

Zubereitungszeit: 1 Stunde, 50 Minuten
Pro Portion etwa 48 g E, 35 g F, 10 g KH = 654 kcal (2733 kJ)

Hähnchenbrustfilets mit Champignonkruste

Für 4 Portionen:
750 g Champignons
30 g Butter oder Margarine
750 g Kartoffeln
Salz
500 g Hähnchenbrustfilets
20 g Butterschmalz
Pfeffer (a.d. Mühle)
Fett für die Form
200 g Crème fraîche
2 Eier (Gew.–Kl.2)

1. Die Champignons putzen, unter fließendem Wasser kurz abbrausen, trockentupfen und

fein hacken. Das Fett in einer Pfanne erhitzen und die Pilze so lange darin garen, bis die Flüssigkeit verdampft ist.

2. Die Kartoffeln schälen, waschen und in Scheiben schneiden. In Salzwasser 5 Minuten kochen. Die Hähnchenbrustfilets im heißen Butterschmalz von allen Seiten kurz anbraten, mit Salz und Pfeffer würzen.

3. Die Kartoffeln abgießen, in eine gefettete Auflaufform geben, die Hähnchenbrustfilets darauflegen. Die Champignons mit Salz und Pfeffer würzen und daraufstreichen.

4. Crème fraîche mit Eiern, Salz und Pfeffer verrühren, gleichmäßig über das Fleisch gießen und im vorgeheizten Ofen bei 200 Grad (Umluft 200 Grad, 35 Minuten; Gas 3) auf der 2. Einschubleiste von unten 45 Minuten garen.

Zubereitungszeit: 1 Stunde, 20 Minuten
Pro Portion etwa 43 g E, 31 g F, 25 g KH = 569 kcal (2386 kJ)

Hähnchenbrustfilet mit Currykruste

Für 4–6 Portionen:
75 g gemahlene Mandeln
6 Hähnchenbrustfilets (ca. 750 g)
20 g Butterschmalz
Salz
Pfeffer (a.d. Mühle)
2 El milder Curry
1 El Joghurt
2 Eiweiß
4 Zwiebeln
1/4 l Brühe (Instant)
1/8 l Weißwein

1. Die Mandeln in einer Pfanne ohne Fett unter Rühren goldbraun rösten und erkalten lassen.

2. Die Hähnchenbrustfilets in einer zweiten Pfanne im sehr heißen Butterschmalz rundherum goldbraun anbraten und mit Salz und Pfeffer würzen.

3. Die Mandeln mit Curry und Joghurt verrühren. Eiweiß sehr steif schlagen und unterziehen. Das Fleisch mit der

Masse bestreichen und auf die Saftpfanne legen.

4. Die Zwiebeln pellen, achteln, zum Fleisch geben und im vorgeheizten Backofen bei 200 Grad (Umluft 200 Grad, Gas 3) auf der 2. Einschubleiste von unten 5 Minuten garen.

5. Dann die Brühe und den Wein zufügen und weitere 20–25 Minuten garen.

Zubereitungszeit: 50 Minuten
Pro Portion (bei 6 Portionen) etwa 35 g E, 12 g F, 3 g KH = 265 kcal (1113 kJ)

Basilikum-Poularde

Für 4 Portionen:
3–4 Knoblauchzehen
900 ml Brühe (Instant; bei Umluft 300 ml mehr)
150 g Langkornreis
1 Poularde (1,4 kg)
3 Bund Basilikum
30 g Butter oder Margarine
2 Eier
Salz
Pfeffer (a.d. Mühle)
4 El Saucenbindemittel
2–3 El Weißwein

1. Den Knoblauch pellen. 350 ml Brühe zum Kochen bringen, den Reis hineingeben und den Knoblauch dazupressen. Den Reis knapp gar kochen.

2. Die Poularde waschen, trockentupfen und 8 Basilikumblätter unter die Haut

schieben. Restliches Basilikum hacken.

3. Das Fett und die Eier unter den abgetropften Reis mischen, mit Salz, Pfeffer und Basilikum würzen und in die Poularde füllen. Die Poularde mit Holzstäbchen zustecken, Flügel und Keulen zusammenbinden.

4. Die Poularde auf die Saftpfanne legen, im vorgeheizten Ofen bei 200 Grad (Umluft 200 Grad, 1 Stunde; Gas 3) auf der 2. Einschubleiste von unten 40–50 Minuten garen. Nach und nach die restliche Brühe über die Poularde gießen.

5. Nach dem Garen den Bratensaft in einen kleinen Topf umgießen und mit dem Saucenbindemittel andicken. Mit Wein, Salz und Pfeffer abschmecken. Die Poularde mit Füllung und Sauce anrichten. Dazu paßt Reis.

Zubereitungszeit: 1 1/2 Stunden
Pro Portion etwa 60 g E, 25 g F, 36 g KH = 644 kcal (2693 kJ)

Hähnchenkeulen mit Kokos und Mango-Reis

Für 4 Portionen:
4 Hähnchenkeulen (ca. 1 kg)
Salz
Pfeffer (a.d. Mühle)
4 El Öl
2 El Curry
50 g Kokosflocken
250 g Langkornreis
1 Mango

1. Hähnchenkeulen mit Salz und Pfeffer würzen, im heißen Öl kurz rundherum anbraten.

2. Curry über die Keulen stäu-

ben, die Keulen kurz im Bratfett wenden, dann aus der Pfanne nehmen und in den Kokosflocken wälzen.

3. Die Keulen im vorgeheizten Backofen bei 200 Grad (Umluft nicht geeignet, Gas 3) auf der 2. Einschubleiste von unten 30 Minuten garen.

4. Inzwischen den Reis in 1/2 l kochendes Salzwasser geben und bei milder Hitze 20 Minuten ausquellen lassen. Die Mango schälen, das Fruchtfleisch vom Stein schneiden und würfeln.

5. Den Reis mit etwas Curry würzen und die Mangowürfel untermischen. Mit den Hähnchenkeulen servieren.

Zubereitungszeit: 45 Minuten
Pro Portion etwa 47 g E, 24 g F, 57 g KH = 650 kcal (2720 kJ)

8. Kapitel

GEBRATENER FISCH

Außen knusprig, innen zart: Panierte Scholle schmeckt im Mai am besten – natürlich mit Kartoffelsalat.
Rezept Seite 80

GEBRATENER FISCH

Panierte Scholle mit Kartoffelsalat

(Zum Foto von Seite 79)
Für 4 Portionen:
1 kg Kartoffeln
Salz
1 Bund Radieschen
2 Bund Petersilie
150 g Crème fraîche
1 Becher Vollmilchjoghurt
Pfeffer (a.d. Mühle)
4 Schollen (à 200 g, vom Fischhändler küchenfertig vorbereitet)
4 El Zitronensaft
Mehl zum Wenden
1 Ei
Semmelbrösel zum Wenden
8 El Öl
1 Zitrone

1. Die Kartoffeln mit Schale in Salzwasser kochen, abschrecken, pellen, abkühlen lassen und in Scheiben schneiden.

2. Die Radieschen waschen, putzen und in dünne Scheiben schneiden. Die Petersilie waschen, trockenschütteln und hacken.

3. Crème fraîche mit Joghurt verrühren, Radieschen und die Hälfte Petersilie unterrühren, salzen und pfeffern. Die Kartoffelscheiben unter die Sauce heben.

4. Die Schollen waschen, trockentupfen, mit Zitronensaft beträufeln und innen salzen.

5. Schollen in Mehl wenden, dann durch das mit Salz und Pfeffer verschlagene Ei ziehen und in Semmelbröseln wenden. Jede Scholle in 2 El Öl goldbraun braten.

6. Zitrone waschen, in Scheiben schneiden, mit der restlichen Petersilie bestreuen.

Zubereitung: 60 Minuten
Pro Portion etwa 30 g E, 36 g F, 47 g KH = 640 kcal (2683 kJ)

1 Besonders saftig: panierte Scholle

Wenn der Fisch beim Braten besonders zart und saftig bleiben soll, bekommt er eine Hülle aus Mehl, Ei und Semmelbröseln - die **Panierung**. Meistens bezeichnet man die Hülle als Panade, doch das ist falsch: Die Panade ist ein Bindemittel für Geflügel-, Fisch- oder Fleischfüllungen.

Schmeckt am besten direkt aus der Pfanne serviert: Fischfilet natur gebraten

Zum Panieren sind geeignet: kleine, flache Fische wie Schollen und Seezungen und Filets von Fischen, deren Fleisch leicht zerfällt, wie z. B. Kabeljau. Die Panierung soll den Fisch von allen Seiten gut umschließen und darf beim Braten nicht abblättern. Man nimmt drei große Teller, auf die jeweils Mehl, ein verschlagenes Ei (ein Ei reicht für drei bis vier Portionen Fisch) und Semmelbrösel kommen.
Damit die Panierung gut haftet, muß der Fisch vorher gut trockengetupft werden. Am besten salzt man ihn nur von innen und würzt dafür das Ei kräftig mit Salz und Pfeffer.

Schollen panieren: in Mehl, Ei und Semmelbröseln wenden

Wenn das Fett schon in der Pfanne brutzelt, wälzt man den Fisch zuerst in Mehl, schüttelt es etwas ab und zieht ihn durch das Ei. Dann wendet man den Fisch in Semmelbröseln und drückt die Panierung leicht an. Der Fisch muß sofort in die Pfanne, weil die Panierung sonst aufweicht.
Panierten Fisch bei mittlerer Hitze etwa 8 Minuten von der einen Seite braten und 4 bis 5 Minuten von der anderen.

2 So wird Fisch richtig gebraten

Beim Braten ist wichtig, daß der Fisch immer ganz in die Pfanne paßt und Schwanz und Kopf nicht über den Pfannenrand herausragen. Die Fische sollten sich auch nicht berühren. Nur so können sie gleichmäßig garen und braun werden. Deshalb gilt: **Fische immer portionsweise braten.** Zum Braten eignet sich am besten hoch erhitzbares Pflanzenfett wie **Öl** oder **Butterschmalz**. Es soll den Boden der Pfanne gut bedecken und muß heiß sein, also zischen, wenn der Fisch hineinkommt. Ist es nicht heiß genug, saugt der Fisch zuviel Bratfett auf.

3 Schnell und einfach: Fischfilet natur

Fischfilets vom Schellfisch, Lengfisch, Seelachs, Rotbarsch oder Fischkoteletts mit glattem, festem Fleisch können **"natur"** gebraten werden, also ohne Panierung.
Gebraten werden die Filets zuerst auf der etwas rauhen Grätenseite (auf dem Foto unten, das untere Stück). Erst wenn die Unterseite braun gebraten ist, wird der Fisch gewendet und die glatte Seite gebraten. Macht man es umgekehrt, zieht sich das Filet zusammen, wölbt sich und wird nicht gleichmäßig gar. Fische sollen auch nur einmal in der Pfanne gewendet werden, da sie leicht auseinanderfallen.
Fischfilets brauchen nicht gewaschen zu werden, kurz vor dem Braten werden sie nur mit etwas Zitronensaft beträufelt, wodurch das Fischfleisch fester wird. Dann wird er trockengetupft und im heißen Fett etwa 8 bis 10 Minuten bei mittlerer Hitze gebraten und anschließend gesalzen.
Wird der Fisch dünn in Mehl gewendet, bleibt er saftiger und bekommt beim Braten eine zarte Kruste. Fisch nach Belieben mit abgeriebener Zitronenschale würzen.
Frisch gebratenen Fisch läßt man kurz abtropfen, gießt das überschüssige Bratfett weg und läßt etwas Butter in der Pfanne aufschäumen, die über den Fisch gegeben wird.

Filets werden zuerst von der Grätenseite (unten) gebraten

4 Was schmeckt zu gebratenem Fisch?

Die klassische Beilage zu gebratenem Fisch ist Kartoffelsalat, egal, ob kalt oder lauwarm, mit oder ohne Mayonnaise. Zu feineren Fischen dürfen Salzkartoffeln oder kleine, in Butter oder Petersilie geschwenkte Pellkartoffeln ebensowenig fehlen wie ein grüner Salat. Dazu sollte etwas Zitrone, Kräuter- oder Pfefferbutter gereicht werden.
Zu Schollen und Seezungen schmeckt Spinat, mit etwas Knoblauch, Zitronensaft und geriebenem Parmesan gewürzt.
Frühlingszwiebeln in wenig Butter und einem Schuß Weißwein gedünstet passen zu gebratenen Forellen.
Herzhaft ist eine Gemüsemischung aus Zwiebeln, Paprika und Tomaten, die mit Rosmarin oder Thymian kräftig abgeschmeckt wird. Das Gemüse wird so lange geschmort, bis es weich ist. Es paßt zu gebratenem Fischfilet.
Weil zu gebratenem Fisch selten eine Sauce gereicht wird, schmeckt als Beilage ein saftiger Kartoffelgratin oder ein Kartoffel-Gemüse-Gratin (z.B. mit Zucchini, Möhren, Kohlrabi), der mit Sahne gebacken wird.
Aber auch Gemüse, wie grüne Erbsen, Zucchini oder Gurken, passen gut zu Fisch.
Wichtig ist, daß alle Beilagen fertig zubereitet sein müssen, ehe man den Fisch brät: Denn er soll heiß aus der Pfanne serviert werden.

5 Auf Müllerinart – nicht nur Forellen

Wenn Fische auf **Müllerinart** zubereitet werden, bedeutet dies: Der Fisch wird in Mehl gewendet, in Butter gebraten, mit Zitronensaft beträufelt, mit gehackter Petersilie bestreut und mit brauner Butter übergossen. Am bekanntesten ist die Forelle auf Müllerinart; so zubereitet schmecken auch Seezunge, Felchen, Renken und andere feine Fische, aber auch Heringe und Sardinen.
Fische, die auf Müllerinart zubereitet werden, sind meistens ausgenommen, haben aber noch Gräten, Schwanz und meistens den Kopf. Damit sie außen schön braun und knusprig werden, wälzt man sie in Mehl.
Ganze Fische werden gründlich und schnell unter fließendem Wasser gewaschen, vor allem im Bauchinnern. Die Fische trockentupfen, (nach Belieben) mit Zitronensaft beträufeln, etwas ruhenlassen, nochmals trockentupfen und salzen. Dann wird der Fisch in Mehl gewendet. Überschüssiges Mehl schüttelt man ab, da die Mehlschicht nur hauchdünn sein soll. Dann muß der Fisch sofort im heißen Fett gebraten werden. Bleibt er zu lange liegen, zieht das Salz Wasser aus dem Fisch und die Mehlschicht weicht auf. Es kann sich dann keine gleichmäßige Kruste bilden. Deshalb die **Fische erst in Mehl wälzen, wenn das Fett in der Pfanne heiß ist!** Sie werden hineingelegt und erst gewendet, wenn die Unterseite braun ist. Insgesamt brät ein Fisch (200 bis 300 Gramm schwer), je nach Dicke, zwischen 9 und 12 Minuten. Er ist gar, wenn sich die Rückenflosse leicht herausziehen läßt.
Für Forelle „Müllerin" legt man die fertig gebratenen Fische auf vorgewärmte Teller, gießt das überschüssige Bratfett aus der Pfanne und läßt frische Butter darin aufschäumen. Sie wird mit feingehackter Petersilie vermischt über den Fisch gegossen und mit Zitronenscheibe serviert.
Werden **Bratheringe** sauer eingelegt, sollten sie in Öl gebraten werden: Denn Öl wird auch nach dem Erkalten nicht fest und talgig wie Butterschmalz.
Für die Marinade, in die die Bratheringe (ca.12 Stücke) mindestens einen Tag, besser zwei, gelegt werden, kocht man 1/4 l Weinessig auf mit 1/4 l Wasser, 2 Lorbeerblättern, Salz, Zucker, 1 El Senfkörnern und 375 g in Ringe geschnittenen Zwiebeln. Den Sud läßt man erkalten und gießt ihn über die abgekühlten Heringe. Die Fische müssen vom Sud bedeckt sein. So halten sie sich mindestens eine Woche.

Rotbarschfilet mit Krebssauce

Für 4 Portionen:
600 g Rotbarschfilet
1 El Zitronensaft
Salz
Pfeffer (a.d. Mühle)
30 g Mehl
40 g Krebsbutter
1/8 l Gemüsebrühe
100 g Crème fraîche
1–2 Tl helles Saucenbindemittel
2 El Weißwein
Tabasco
2 Zitronenscheiben

1. Das Rotbarschfilet in Portionsstücke schneiden, kurz abspülen und trockentupfen. Mit Zitronensaft beträufeln, salzen und pfeffern.

2. Die Fischstücke im Mehl wenden und dann in der zerlassenen Krebsbutter von jeder Seite 5 Minuten bei milder

Hitze braten. Die Fischfilets aus der Pfanne nehmen und heiß halten.

3. Den Bratfond mit der Gemüsebrühe ablöschen. Crème fraîche unterrühren, aufkochen und mit dem Saucenbindemittel andicken.

4. Die Sauce mit Salz, Pfeffer, Weißwein und Tabasco würzen. Die Fischfilets mit der Sauce und halben Zitronenscheiben servieren.
Dazu paßt Dillreis.

Zubereitungszeit: 30 Minuten
Pro Portion etwa 29 g E, 21 g F, 8 g KH = 360 kcal (1509 kJ)

Schollenfilets in Zitronenschmand

Für 4 Portionen:
1 Bund Dill
1 Becher Schmand oder dicke saure Sahne (250 g)
2 El Schlagsahne
1–2 El Zitronensaft
abgeriebene Schale von 1 unbehandelten Zitrone
Salz
Pfeffer (a.d. Mühle)
Zucker
75 g Mehl
2 Schollen (filiert, ca. 1 kg)
70 g Butterschmalz
1 Zitrone (in Spalten geschnitten)

1. Den Dill hacken (einige Spitzen zum Garnieren beseite legen). Schmand mit der Sahne, Zitronensaft, der Hälfte der Zi-

tronenschale und dem Dill verrühren, mit Salz, Pfeffer und einer Prise Zucker abschmecken.

2. Das Mehl mit der restlichen Zitronenschale mischen. Die Filets von beiden Seiten pfeffern und salzen, dann in Mehl wenden.

3. Die Filets in heißem Butterschmalz jeweils 2 Minuten pro Seite bei milder Hitze braten. Fisch mit Zitronenspalten und Schmand anrichten und mit dem restlichen Dill garnieren.

Dazu passen Pellkartoffeln.

Zubereitungszeit: 25 Minuten
Pro Portion etwa 16 g E, 32 g F, 19 g KH = 441 kcal (1845 kJ)

Fischfilet mit Porree in Zitronensauce

Für 4 Portionen:
1 kg Porree
40 g Butter oder Margarine
1/8 l Brühe (Instant)
3 El Zitronensaft
abgeriebene Schale von 1 unbehandelten Zitrone
600 g Fischfilet
Salz
Mehl zum Wenden
2 El helles Saucenbindemittel
2 El Crème fraîche
Pfeffer (a.d. Mühle)
1 Tl Zucker

1. Den Porree putzen, waschen, in Ringe schneiden und in 20 g Fett andünsten. Mit der Brühe auffüllen, 2 El Zitronensaft und die Zitronenschale zufügen und 5 Minuten zugedeckt garen.

2. Die Fischfilets salzen und mit dem restlichen Zitronensaft beträufeln. Dann in Mehl wen-

den und im restlichen Fett langsam von jeder Seite 5 Minuten braten.

3. Das Saucenbindemittel zum Porree geben, aufkochen und Crème fraîche zugeben. Mit Salz, Pfeffer und Zucker abschmecken und zum Fisch servieren.

Zubereitungszeit: 30 Minuten
Pro Portion etwa 44 g E, 30 g F, 32 g KH = 603 kcal (2529 kJ)

Fischfrikadellen

Für 4 Portionen:
3 Scheiben Toastbrot
2 Zwiebeln
500 g Rotbarschfilet
2 El Senf
abgeriebene Schale von 1 unbehandelten Zitrone
1 Bund Zitronenmelisse
2 Eier (Gew.–Kl. 2)
Salz
Pfeffer (a.d. Mühle)
3 El Öl

1. Das Toastbrot entrinden und einweichen. Die Zwiebeln pellen und fein würfeln. Den Fisch in Stücke schneiden und mit dem Schneidstab des Handrührers pürieren.

2. Den Fisch, ausgedrücktes Toastbrot, Zwiebeln, Senf, Zitronenschale, gehackte Zitro-

nenmelisse und Eier verkneten. Die Fischmasse mit Salz und Pfeffer würzen.

3. Aus dem Teig 8 Frikadellen formen und in dem heißen Öl von jeder Seite 5–7 Minuten braten.
Dazu paßt Möhren-Gurken-Rohkost.

Zubereitungszeit: 40 Minuten
Pro Portion etwa 28 g E, 13 g F, 11 g KH = 287 kcal (1203 kJ)

Lachssteak in Safransauce

Für 1 Portion:
10 g gehobelte Mandeln
40 g Butter oder Margarine
1/2 Paket Blattspinat (TK, 150 g)
50 g Langkornreis
Salz
1 Lachssteak (200 g)
1 Tl Zitronensaft
1 El Mehl
70 ml Schlagsahne
1 Prise Safran
Pfeffer (a.d. Mühle)
Muskatnuß (frisch gerieben)

1. Die Mandelblätter in einer Pfanne ohne Fett goldbraun rösten. 20 g Fett schmelzen und den Spinat darin offen 10–15 Minuten garen.

2. Den Reis in 100 ml kochendes Salzwasser geben und zugedeckt 10–15 Minuten quellen lassen.

3. Das Lachssteak mit Zitronensaft beträufeln, salzen und in Mehl wenden. Restliches Fett schmelzen und das Steak von jeder Seite 3–4 Minuten

braten. Fisch aus der Pfanne nehmen und warm stellen.

4. Die Sahne in die Pfanne gießen. Safran zugeben, aufkochen und mit Salz und Pfeffer abschmecken.

5. Den Spinat mit Salz, Pfeffer und Muskat würzen, die Mandeln unterheben. Den Reis abgießen.

6. Das Lachssteak mit der Sauce, dem Spinat und dem Reis anrichten.

Zubereitungszeit: 25 Minuten
Pro Portion etwa 43 g E, 83 g F, 50 g KH = 1153 kcal (4820 kJ)

9. Kapitel

GEDÜNSTETER FISCH

Ein leichtes Essen voller Geschmack: Forelle im Gemüsebett, in Alufolie gedünstet, mit Butter-Dill-Kartoffeln. Rezept Seite 88

GEDÜNSTETER FISCH

Fisch soll im Sud nicht kochen, sondern nur gar ziehen

Forelle im Gemüsebett

(Zum Foto von Seite 87)
Für 1 Portion:
1/2 Bund Suppengrün
1 Zwiebel
10 g Butter
Salz
Pfeffer (a.d. Mühle)
etwas Weißwein
1 Forelle
Butter für die Alufolie

1. Das Suppengrün waschen und putzen. Möhren, Porree, Sellerie und Petersilienwurzel in streichholzlange und -dicke Streifen schneiden. Die Zwiebel pellen, halbieren und in sehr feine Ringe schneiden. Das Gemüse in der zerlassenen Butter glasig dünsten, mit Salz, Pfeffer und einem Schuß Weißwein würzen.

2. Die geputzte und unter fließendem Wasser abgespülte Forelle von innen etwas salzen. Die zugeschnittene Alufolie einfetten, das Gemüse mit Flüssigkeit auf die Folie geben, den Fisch darauflegen. Die Folie zuerst oben fest zusammenfalten, dann von den Seiten her einschlagen.

3. Die Forelle bei 200 Grad (Umluft 200 Grad, Gas 3) im vorgeheizten Backofen auf der 2. Einschubleiste von unten 20 Minuten dünsten, sofort servieren.
Dazu passen Butter-Dill-Kartoffeln.

Zubereitungszeit: 40 Minuten
Insgesamt etwa 41 g E, 18 g F, 8 g KH = 381 kcal (1592 kJ)

1 Einfach: Dünsten in Alufolie

Forellen werden zwar am häufigsten in Alufolie gedünstet, auf diese Art zubereitet schmecken aber auch alle anderen kleinen Fische, Fischkoteletts oder Fischstücke. **Der Fisch gart dabei im eigenen Saft** und entwickelt dadurch sein volles Aroma.
Damit das Gemüse und der Fisch in der Folie gleichzeitig gar werden, muß das Gemüse vorher in einem Topf angedünstet werden, da es eine längere Garzeit hat als der Fisch. Das Gemüsebett kann aus verschiedenen Sorten gewählt werden, zum Beispiel aus: Suppengrün; Fenchel, in feine Streifen geschnitten mit Zwiebeln und Fenchelgrün; frischen Champignons mit Schalotten in Butter angedünstet; vielen gehackten Kräutern, wie Petersilie, Kerbel, Estragon, Dill und Thymian, nach Belieben gemischt mit in Butter gedünsteten Schalotten und mit Weißwein abgeschmeckt. Filets von Seefischen schmecken mit einem dick eingekochten Püree aus Paprikastreifen, Zwiebeln, Knoblauch und gehäuteten, entkernten Tomaten.
Zum Garen muß die „extra starke“ Alufolie so zugeschnitten sein, daß die Fische noch ausreichend Platz haben, sonst kann sich nicht genügend Dampf zum Garen entwickeln. Damit die Haut der Fische nicht an der Folie haften bleibt, wird die Folie vorher leicht mit Butter oder Öl eingefettet. Zuerst das Gemüse auf die Folie geben, dann den Fisch darauflegen. Wird der Fisch ohne Gemüsebett gegart: einfach etwas Wein (2–3 El) zugeben.
So wickelt man ihn richtig ein: Folie an den oberen Enden fest zusammenfalten und dann von den Seiten her einschlagen (Foto unten).
Die Pakete auf den Rost im Backofen legen und im auf 200 Grad vorgeheizten Backofen (Umluft 200 Grad, Gas 3) auf der 2. Einschubleiste von unten etwa 20 Minuten dünsten. Der Fisch kann nach Belieben in der Folie oder ohne Folie serviert werden.
Am feinsten schmecken dazu in Butter geschwenkte Kartoffeln, mit Dill oder Petersilie bestreut.
Fisch ist nur ein Genuß, wenn man ihn auch richtig filieren kann – und nicht widerwillig auf den Gräten herumkauen muß: Dazu zieht man mit einem Fischbesteck oder zwei Gabeln zuerst die Haut des Fisches ab (Foto unten). Dann löst man mit dem Messer das Fischfleisch zuerst entlang der Mittelgräte und hebt das Filet vorsichtig von den Gräten ab. Anschließend läßt sich das Grätenskelett vollständig von der unten liegenden Fischseite lösen. Oder: Man dreht den Fisch vorsichtig um, hebt zuerst die Haut ab und dann das Fleisch von den Gräten wie beschrieben.

Die Forelle in Alufolie wickeln

Den Fisch vorsichtig zerlegen

2 Fisch im Sud darf nicht kochen

Das Fischfleisch ist so zart, daß es schon bei Temperaturen weit unter dem Siedepunkt gar wird. Kocht der Fisch zu stark, wird das Fleisch faserig, trocken und zäh. Deshalb darf er nur bei niedrigen Temperaturen, bei etwa 80 Grad, in Wasser gar ziehen (pochieren) und nicht sprudelnd kochen.

Kleine Portionsfische, wie Forellen oder Schleie, sind im Sud in 10–12 Minuten gar. Ein ganzer Kabeljau von 1,5 bis 2 kg braucht 15–20 Minuten.

Die Garzeit richtet sich nicht nach dem Gewicht des Fisches, sondern nach seiner Dicke.

Läßt sich die Rückenflosse leicht herausziehen, ist der Fisch gar. Man kann auch mit einem Messer oder einer Gabel das Fleisch leicht am Kopf anheben. Löst es sich, ist der Fisch gut.

Der Sud soll den Fisch ganz bedecken, da das Fleisch sonst nicht gleichmäßig gart. Bevor man den Fisch hineinlegt, wird der Sud 15–20 Minuten mit den Gewürzen gekocht, damit sich das Aroma auf den Fisch übertragen kann. Zum Würzen nimmt man außer Salz (1 gestrichener Eßlöffel pro Liter) auch Zwiebeln oder Schalotten, Porree, Lorbeerblätter, Pfefferkörner, Gewürzkörner und nach Belieben auch Kräuter wie Dill, Fenchel, Estragon, Petersilie oder in Stücke zerteiltes Suppengrün.

So wird der Fisch vorbereitet: Für Fisch im Sud kauft man am besten ganze Fische mit Kopf und Schwanz. Die Fische müssen frisch sein: Sie haben klare, glänzende Augen und festes, glänzendes Fleisch. Die Schuppen sollen sich nicht lösen.

Die Fische müssen sorgfältig geputzt und geschruppt werden, alle schwarzen und silbernen Häutchen aus dem Innern müssen entfernt werden. Wenn möglich, schneidet man mit einer Küchenschere auch die Kiemen heraus, vor allem bei Mittelmeerfischen, weil sie den Sud bitter machen.

Wenn man keinen Fischtopf hat, und der ganze Fisch nicht in einen Topf paßt, schneidet man den Fisch in große Stücke. Den Kopf gibt man zu Beginn mit den Gewürzen in den Topf: Er macht den Sud kräftiger.

Pro Portion rechnet man bei kleineren Fischen, wie Forellen oder Schleie, etwa 300–350 g. Bei großen Fischen mit dickem Kopf, wie Kabeljau oder Karpfen, braucht man zum Sattwerden etwa 400 g pro Person.

Der im Sud gar gezogene Fisch wird heiß serviert. Dazu gibt es entweder zerlassene Butter (mit Petersilie), Senfbutter oder eine Sauce.

3 In der Saftpfanne: Karpfen blau

Beim „Blaukochen" werden Fische, die eine dünne Schleimschicht haben, mit einem Essigsud übergossen und pochiert. Diese Methode verleiht den Fischen nicht nur eine hübsche Farbe, sondern auch einen kräftigen Geschmack.

Außer Karpfen eignen sich auch Forellen, Schleie und Aale. Damit sie sich kräftig blau färben, darf die Schleimschicht nicht verletzt werden. Deshalb läßt man die Fische beim Einkauf in feuchtes Pergamentpapier einschlagen, und säubert sie erst kurz vor dem Garen vorsichtig und kurz unter fließendem Wasser. Karpfen blau gelingt am besten in der Saftpfanne des Backofens.

Für 4 Portionen reicht ein 2 kg schwerer Fisch, den man beim Kauf gleich der Länge nach durchschneidet.

Der Sud wird so zubereitet: 1 Bund Suppengrün putzen und grob zerteilen. 2 Zwiebeln pellen, vierteln und mit dem Suppengrün in 20 g Butter oder Margarine glasig dünsten. 2 Lorbeerblätter, 1 El Pfefferkörner, 2 Nelken und 10 Wacholderbeeren zugeben. Mit 1/4 l Wasser auffüllen und offen 10 Minuten kochen lassen. 1/4 l Weißweinessig und 1/8 l Weißwein zugeben und den Sud kräftig salzen.

Die Karpfenhälften von innen kräftig salzen und auf die Saftpfanne des Backofens legen. Den heißen Sud mit den Gemüsen über den Fisch gießen. Die Saftpfanne rundherum fest mit Alufolie verschließen und den Fisch im vorgeheizten Backofen bei 200 Grad (Umluft 200 Grad, 20–25 Minuten; Gas 3) auf der 2. Einschubleiste von unten 20–30 Minuten garen.

Dann hebt man den Fisch vorsichtig mit einer Schaumkelle aus dem Sud und läßt ihn gut abtropfen. Er muß sofort serviert werden, da fettreicher Fisch, wie Karpfen einer ist, nur sehr heiß gegessen gut schmeckt.

Zu Karpfen blau passen Petersilienkartoffeln mit zerlassener Butter und Meerrettich-Sahne.

Karpfen gart am besten in einem Sud auf der Saftpfanne

4 In der Saftpfanne: ganze Fische

Größere Fische müssen im ganzen auf der Saftpfanne im Backofen garen, weil sie für Kochtöpfe meistens zu groß sind. Die Fische (ab 1,5 kg) werden aufrecht in die Saftpfanne oder in eine große feuerfeste Form gesetzt. Vor dem Braten kerbt man den Rücken leicht mit einem Messer ein, damit das Fischfleisch gleichmäßig gart. Dann wird er mit durchwachsenen Speckscheiben oder Butterflöckchen belegt und mit Wein, Sahne oder Crème fraîche begossen. Die Fische werden so teils gedünstet und teils gebraten. Da sie schon nach kurzer Zeit gar sind, in der Regel nach etwa 45 Minuten bei 200–225 Grad (Umluft 200–225 Grad, Gas 3–4), aber meistens nicht richtig braun (falls gewünscht), stellt man den Ofen zum Schluß einige Minuten um auf Oberhitze oder auf Grill. Dann muß der Fisch vorher mit einer Mischung aus geriebenem Käse, Semmelbröseln und Butterflöckchen bestrichen werden, damit er nicht austrocknet oder verbrennt.

Wer zum Fisch eine kräftige Sauce servieren möchte, dünstet den Fisch auf einem Bett aus Kräutern (Petersilie, Kerbel, Estragon, Thymian, Basilikum), Zwiebeln, Suppengemüse oder Pilzen. Damit nichts anbrennt: Die Saftpfanne vorher ausfetten und 1/8 l Wasser zugießen.

Nach Belieben können die Kräuter und Gemüse mit in die Sauce gegeben werden, dazu püriert man sie mit dem Schneidstab des Handrührers.

Ganz schnell gemacht ist überbackener Fisch: einfach kleine Fische, Filets oder Fischstücke in eine feuerfeste Form auf ein Gemüsebett legen, mit Béchamel- oder Käsesauce begießen und mit geriebenem Käse, Semmelbröseln und Butterflöcken bestreuen. Dann im Ofen backen, bis der Käse goldgelb ist.

GEDÜNSTETER FISCH

Kabeljau mit Salbei auf Kartoffeln

Für 4 Portionen:
4 Zwiebeln (200 g)
750 g Kartoffeln
1 Zweig Salbei
40 g Butter oder Margarine
1/8 l Brühe (Instant)
500 g Kabeljaufilet
2 Tl Zitronensaft
Salz
Pfeffer (a.d. Mühle)
2 Zitronenscheiben

1. Die Zwiebeln pellen, halbieren und quer in Scheiben schneiden. Die Kartoffeln schälen, waschen und mit

dem Sparschäler in dünne Scheiben schneiden.

2. Die Salbeiblätter abzupfen und grob hacken. Die Kartoffelscheiben in 30 g Fett andünsten, die Brühe zugießen und zugedeckt 5 Minuten kochen.

3. Das Fischfilet waschen, trockentupfen und mit Zitronensaft beträufeln.

4. Drei Viertel vom gehackten Salbei unter die Kartoffeln heben, mit Salz und Pfeffer abschmecken.

5. Die Kartoffeln in eine flache Auflaufform legen. Das Fischfilet salzen und darauflegen. Den restlichen Salbei darüberstreuen, das restliche Fett in Flöckchen daraufsetzen.

6. Den Fisch im vorgeheizten Ofen bei 200 Grad (Umluft 200 Grad, Gas 3) auf der 2. Einschubleiste von unten 20–30 Minuten garen. Vor dem Servieren mit halbierten Zitronenscheiben belegen.

Zubereitungszeit: 1 Stunde, 5 Minuten
Pro Portion etwa 26 g E, 9 g F, 26 g KH = 302 kcal (1264 kJ)

Fischfilet Pizzaiola

Für 1 Portion:
200 g Fischfilet
(Rotbarsch oder Seelachs)
1 Tl Zitronensaft
100 g Zwiebeln
1/2 Bund Dill
30 g Butter oder Margarine
1 kleine Dose Tomaten
(425 g)
20 g Kapern (a. d. Glas)
Salz
Pfeffer (a.d. Mühle)
Zucker
Tabasco

1. Das Fischfilet waschen, trockentupfen und mit Zitronensaft beträufeln. Die Zwiebeln pellen, halbieren und in halbe Ringe schneiden. Den Dill kurz abspülen, gut trockenschütteln, die Blättchen von den Stielen zupfen und hacken.

2. Das Fett in einer Pfanne erhitzen und die Zwiebeln darin andünsten. Die Tomaten mit der Flüssigkeit zufügen und bei starker Hitze in der offenen Pfanne 5 Minuten einkochen lassen. Die Kapern untermischen, alles mit Salz, Pfeffer, Zucker und einigen Spritzern Tabasco abschmecken.

3. Das Fischfilet salzen, auf die Sauce legen, mit Dill be-

streuen und zugedeckt bei milder Hitze 6–8 Minuten gar ziehen lassen.
Dazu paßt Reis.

Zubereitungszeit: 20 Minuten
Pro Portion etwa 43 g E, 33 g F, 22 g KH = 584 kcal (2448 kJ)

GEDÜNSTETER FISCH

Rotzunge mit Butter-Dill-Sahne

Für 4 Portionen:
1 Zwiebel
1 Lorbeerblatt
3 Nelken
1/4 l Weißwein
3 Zitronenscheiben
Salz
Pfeffer (a.d. Mühle)
2 Rotzungen (800 g netto, vom Händler filieren und Gräten mitgeben lassen)
3 Eigelb
2 Tl Zitronensaft
100 g Butter
1 Bund Dill

1. Die Zwiebel pellen, mit dem Lorbeerblatt und den Nelken spicken. Zusammen mit dem Weißwein, Zitronenscheiben, Salz, Pfeffer und 1/8 l Wasser aufkochen.

2. Die Gräten abspülen, in den Sud geben und offen 15 Minuten bei milder Hitze kochen lassen.

3. In die Mitte jedes Fischfilets einen 5 cm langen Schlitz schneiden. Die Filetenden hindurchziehen, so daß Röllchen entstehen.

4. Den Sud durch ein Sieb gießen. Eigelb mit Zitronensaft und 1/8 l Sud in einen Topf geben und mit dem Schneebesen bei milder Hitze bis kurz vor dem Kochen zu einer dicklichen Sauce aufschlagen.

5. Die Butter in Stückchen nach und nach unter die Sauce rühren. Den Dill hacken (einige Spitzen beiseite legen) und unter die Sauce ziehen, mit Salz und Pfeffer abschmecken.

6. Die Fischfilets im restlichen Sud 4–5 Minuten bei milder Hitze garen, mit der Sauce servieren und mit Dill garnieren. Dazu paßt Wildreismischung.

Zubereitungszeit: 40 Minuten
Pro Portion etwa 34 g E, 28 g F, 1 g KH = 426 kcal (1782 kJ)

Kabeljau auf Paprika-Sellerie-Gemüse

Für 4 Portionen:
850 g Paprika (rot, grün und gelb)
450 g Staudensellerie
1 Bund Dill
60 g Butter oder Margarine
2 El Weißwein
Salz
Pfeffer (a.d.Mühle)
2 Stück Kabeljaufilet (ca. 500 g)
1 El Zitronensaft
Fett für die Form

1. Die Paprika halbieren, entkernen, waschen und in Streifen schneiden. Den Sellerie putzen, waschen und in Scheiben schneiden. Den Dill hacken.

2. Paprika und Sellerie in 30 g Fett andünsten, mit Weißwein ablöschen und etwa 5 Minuten dünsten. Mit Salz und Pfeffer würzen, die Hälfte des Dills unterrühren.

3. Die Kabeljaufilets mit Zitronensaft beträufeln und salzen. Eine Auflaufform mit etwas Fett austreichen. Ein Fischfilet in die Form legen. Das Gemüse darüber verteilen und das zweite Filet darauflegen.

4. Den restlichen Dill über das Filet streuen, restliches Fett in Flöckchen darüber verteilen.

5. Den Fisch im vorgeheizten Backofen bei 200 Grad (Umluft 200 Grad, Gas 3) 20 Minuten auf der 2. Einschubleiste von unten garen.

Zubereitungszeit: 40 Minuten
Pro Portion etwa 25 g E, 14 g F, 6 g KH = 265 kcal (1106 kJ)

Schollenfilets in Tomatensauce

Für 4 Portionen:
1 Paket Schollenfilets (TK, 250 g)
120 g Naturreis
1/2 l Gemüsebrühe (Instant)
1 Zwiebel
50 g Butter oder Margarine
1 El Mehl
1 Tube Tomatenmark (100 g)
75 g Parmesan im Stück
1 El Zitronensaft
Salz
Fett für die Formen
Petersilie

1. Die Schollenfilets auftauen lassen. Den Reis in 3/8 l kochende Gemüsebrühe geben und zugedeckt bei milder Hitze ca. 25 Minuten quellen lassen.

2. Die Zwiebel pellen, fein würfeln, in 20 g Fett glasig dünsten. Das Mehl darüberstäuben, mit andünsten und mit der restlichen Brühe ablöschen. Das Tomatenmark unterrühren und alles zugedeckt bei milder Hitze 10 Minuten kochen. Den Käse reiben und die Hälfte in die Sauce rühren.

3. Die Filets waschen und die weiße Haut mit dem Messer ablösen. Die Filets mit Zitronensaft beträufeln und salzen.

4. Die Gratinförmchen ausfetten. Den Reis am Rand verteilen, die Fischfilets mit der Sauce in die Mitte geben und den restlichen Käse darüberstreuen. Restliches Fett erwärmen und über die Gratins träufeln, bei 200 Grad (Umluft 200 Grad, 25 Minuten; Gas 3) ca. 20 Minuten überbacken. Mit Petersilie garnieren.

Zubereitungszeit: 55 Minuten
Pro Portion etwa 21 g E, 19 g F, 29 g KH = 386 kcal (1610 kJ)

Seelachs auf Chicoree

Für 4 Portionen:
250 g Porree
40 g Butter oder Margarine
2 Chicoreekolben (400 g)
50 ml Brühe (Instant)
125 ml Schlagsahne
500 g Seelachsfilet
4 El Zitronensaft
Salz
Pfeffer (a.d. Mühle)
1 Zitrone
1 Bund Dill
2 Eigelb

1. Den Porree putzen, waschen und in Ringe schneiden. Das Fett in einer Pfanne erhitzen, den Porree darin zugedeckt 5–8 Minuten dünsten.

2. Inzwischen den Chicoree putzen, längs halbieren und den Strunk herauslösen. 3 Blätter zum Garnieren beiseite legen, die restlichen Blätter in Streifen schneiden.

3. Den Chicoree, die Brühe und 100 ml Sahne zum Porree geben. Das Fischfilet in 8 Streifen schneiden, mit Zitronensaft beträufeln, mit Salz und Pfeffer würzen.

4. Das Seelachsfilet auf das Gemüse legen und zugedeckt 5 Minuten mitgaren. Inzwischen die Zitrone wie einen Apfel rundherum so schälen, daß die weiße Haut vollständig entfernt wird. Die Zitronenfilets zwischen den Trennhäuten herausschneiden. Den Dill hacken.

5. Den Fisch aus der Pfanne nehmen und warm halten. Die restliche Sahne mit Eigelb verquirlen und unter das Gemüse rühren, nicht mehr kochen lassen. Den Dill unterheben, alles mit Salz und Pfeffer abschmecken. Zitronenfilets und Fisch wieder in die Pfanne geben, mit den restlichen Chicoreeblättern garnieren.

Zubereitungszeit: 30 Minuten
Pro Portion etwa 26 g E, 26 g F, 5 g KH = 377 kcal (1579 kJ)

Fischsalat mit Meerrettichsauce

Für 4–6 Portionen:
2 Zwiebeln (60 g)
Salz
1 Lorbeerblatt
3 Nelken
6 El Zitronensaft
700 g Rotbarschfilet
1 Bund Radieschen
1/2 Eisbergsalat (250 g)
Pfeffer (a.d. Mühle)
Zucker
3 Tl Meerrettich (a.d. Glas)
8 El Öl
1 Bund glatte Petersilie

1. Die Zwiebeln pellen, halbieren und in halbe Ringe schneiden. Die Zwiebelringe in 1/2 l kochendes Salzwasser geben und 3 Minuten vorgaren. Mit der Schaumkelle herausnehmen und abtropfen lassen.

2. Lorbeer, Nelken und 2 El Zitronensaft in das Zwiebelwasser geben und aufkochen lassen. Den Fisch bei milder Hitze 10 Minuten darin garen.

3. Inzwischen die Radieschen putzen, waschen und in Scheiben schneiden. Den Eisbergsalat putzen, vierteln, den Strunk entfernen und den Salat quer in fingerbreite Streifen schneiden.

4. Den Fisch aus dem Sud nehmen und abkühlen lassen. 4 El Fischsud abnehmen und mit restlichem Zitronensaft, Salz, Pfeffer, Zucker und Meerrettich verrühren. Das Öl unterrühren.

5. Die Petersilie hacken und unter die Sauce geben. Den Fisch in einzelne Segmente tei-

len und mit Radieschen, Zwiebeln und Salat in der Sauce mischen. Den Fischsalat etwa 20 Minuten ziehen lassen.

Zubereitungszeit: 30 Minuten
Pro Portion (bei 6 Portionen) etwa 22 g E, 18 g F, 4 g KH = 277 kcal (1160 kJ)

Aal grün

Für 4 Portionen:
2 Zwiebeln
1 Petersilienwurzel (200 g)
2 Bund Dill
1 Lorbeerblatt
1/2 Tl getrockneter Estragon
8 Pfefferkörner
5–6 El Weißweinessig
Salz
1 kg Aal (ohne Kopf)
100 ml Weißwein
1 El Mehl
30 g Butter oder Margarine
1/8 l Schlagsahne

1 Eigelb
Pfeffer (a.d. Mühle)
Zucker

1. Die Zwiebeln pellen und vierteln. Die Petersilienwurzel schälen und in Scheiben schneiden. 1 Bund Dill grob hacken. Zwiebeln, Petersilienwurzel und Dill mit Lorbeer, Estragon, Pfefferkörnern und Essig in 1 1/2 l Salzwasser 10 Minuten kochen lassen.

2. Aal gründlich waschen und in Stücke schneiden. Den Wein zum Sud geben und aufkochen. Aal zugeben und bei milder Hitze 15 Minuten gar ziehen lassen, dann herausnehmen und heiß halten.

3. 3/8 l Sud durch ein Sieb gießen. Das Mehl im heißen Fett anschwitzen und nach und

nach den Fischsud unterrühen. Die Sauce 5 Minuten leise kochen lassen.

4. Die Sahne mit Eigelb verquirlen und unter die Sauce rühren, nicht mehr kochen lassen. Die Sauce mit Salz, Pfeffer, Zucker und evtl. Essig abschmecken. Restlichen Dill hacken, unterziehen und mit dem Aal anrichten.
Dazu passen Petersilienkartoffeln.

Zubereitungszeit: 50 Minuten
Pro Portion etwa 28 g, 61 g F, 5 g KH = 732 kcal (3060 kJ)

Schellfisch in Senfsauce

Für 4 Portionen:
200 g Möhren
200 g Staudensellerie
200 g Porree
2 El Öl
100 ml Weißwein
Salz
Pfeffer (a.d. Mühle)
1 kg Schellfisch (ohne Kopf)
2 El Zitronensaft
1/2 Bund Dill
1/2 El helles Saucenbindemittel
2 El Senf
40 g Butter
1 Prise Zucker

1. Die Möhren, den Staudensellerie und den Porree putzen, waschen und in feine Streifen schneiden. Das Gemüse im Öl andünsten, den Weißwein zugießen, 5 Minuten garen und mit Salz und Pfeffer würzen.

2. Den Fisch gründlich waschen, innen und außen mit Salz, Pfeffer und Zitronensaft würzen. Den Fisch auf ein entsprechend großes Stück Alufolie legen. Das Gemüse mit der Flüssigkeit um den Fisch verteilen.

3. Die Folie fest verschließen, auf das Backblech legen und im vorgeheizten Backofen bei 225 Grad (Umluft 250 Grad, 25 Minuten; Gas 4) auf der zweiten Einschubleiste von unten 20–25 Minuten garen. Den Dill hacken.

4. Den Fisch aus der Folie nehmen, häuten und das Fischfleisch von den Gräten lösen. Die Fischstücke zusammen mit dem abgetropften Gemüse auf einer vorgewärmten Platte anrichten und warm stellen.

5. Den Sud in einen Topf geben und aufkochen. Saucenbindemittel und Senf unterrühren und nochmals aufkochen lassen. Die Butter unterrühren, nicht mehr kochen lassen und mit Salz, Pfeffer und Zucker abschmecken. Die Sauce zum Fisch geben und mit Dill bestreut servieren.

Dazu passen Dillkartoffeln.

Zubereitungszeit: 60 Minuten
Pro Portion etwa 28 g E, 14 g F, 6 g KH = 293 kcal (1225 kJ)

10. Kapitel
SUPPEN UND EINTÖPFE

Cremig und lieblich im Geschmack: pürierte Möhrensuppe, mit Sahne verfeinert und mit Kresse bestreut.
Rezept Seite 100

Schmeckt als Vorspeise oder als Hauptgericht: klare Spargelsuppe mit Erbsen und Hackfleisch-klößen

Möhrensuppe

(Zum Foto von Seite 99)
Für 2 Portionen:
500 g Möhren, 1 Zwiebel
20 g Butter oder Margarine
1/2 l Gemüsebrühe (Instant)
4 El Schlagsahne
Salz, Pfeffer (a. d. Mühle)
1/2 Beet Kresse

1. Die Möhren putzen, schälen und in Scheiben schneiden. Die Zwiebel pellen und fein würfeln.

2. Fett in einem Topf erhitzen. Möhren und Zwiebeln zugeben und 5 Minuten dünsten, dann mit Brühe ablöschen. Suppe etwa 15 Minuten kochen lassen.

3. 1/3 Möhren aus der Suppe nehmen. Die Suppe mit dem Schneidstab des Handrührers pürieren. Sahne zugeben, mit Salz und Pfeffer würzen.

4. Möhren zurück in die Suppe geben, einmal aufkochen lassen und mit Kresse servieren.

Zubereitungszeit: 30 Minuten
Pro Portion etwa 4 g E, 16 g F, 13 g KH = 215 kcal (903 kJ)

1 Fein im Aroma: Cremesuppen

Cremesuppen lassen sich aus Gemüse oder Kräutern bereiten. Meistens dünstet man das geputzte und zerkleinerte Gemüse vorher in etwas Fett an (Foto 1) und gießt mit Brühe auf (Foto 2). Die Brühe kann selbstgekocht sein, schneller geht's allerdings mit einem Instant-Produkt.

Wenn die Cremesuppe mit Gemüseeinlage serviert wird, nimmt man etwa 1/3 des Gemüses aus der Suppe (Foto 3) und gibt es erst nach dem **Pürieren** (Foto 4) wieder zurück.

Cremesuppen werden immer püriert, weil sie dadurch ihre dickliche Konsistenz erhalten: Am besten geht das mit dem Schneidstab des Handrührers, einem Schnellmixstab oder in einem Mixer.

Cremesuppen, die festes Gemüse oder Hülsenfrüchte enthalten, werden noch feiner, wenn man sie nach dem Pürieren zusätzlich durch ein feines Sieb streicht.

Kartoffel- und Möhrensuppen sind nach dem Pürieren sämig genug; sie werden nur noch mit etwas Butter oder Schlagsahne verfeinert.

1. Möhren andünsten

2. Mit Brühe ablöschen

Suppen, die weder Kartoffeln noch Möhren enthalten, bindet man mit einer rohen, geriebenen Kartoffel.

Wer die Suppe gern dicker

3. Möhren rausnehmen

4. Suppe pürieren

mag, verknetet 1 Eßlöffel Butter mit 1 Eßlöffel Mehl, gibt die **Mehlbutter** flöckchenweise in die Suppe und kocht sie einige Minuten.
Besonders fein im Geschmack werden Suppen durch **Legieren**: Dazu pro Liter Suppe etwa 2 bis 4 Eigelb mit 100 ml Sahne verrühren und in die heiße Suppe geben. Damit die Suppe durch das Legieren nicht gerinnt, also ausflockt, verquirlt man die Eier–Sahne zuerst mit einigen Eßlöffeln Suppe und gibt das Gemisch unter Rühren zurück in die Suppe. Sie darf dann nicht mehr kochen! Zum Legieren eignen sich statt Schlagsahne auch Crème fraîche, Crème double, Schmand oder Sahnejoghurt.

2 So gelingt eine gute Suppe

Die Basis für eine schmackhafte Suppe ist die **Brühe**. Und die schmeckt selbstgekocht natürlich am besten. Da das Kochen von Fleischbrühe jedoch Zeit braucht, bereitet man am besten gleich eine größere Portion und friert die restliche Brühe ein für die nächste Suppe; sie läßt sich dann um so schneller servieren. Entfettete Brühe hält sich tiefgefroren 6 Monate.
Eine Brühe, die mit Knochen gekocht wird, braucht zwischen 2 und 4 Stunden.
Suppenfleisch braucht 11/2 bis 2 Stunden, eine Poularde 1 bis 11/2 Stunden und ein Suppenhuhn 2 Stunden und länger.
Fischbrühe kocht etwa 30 Minuten und Suppengrün für eine Gemüsebrühe gart zwischen 30 und 40 Minuten.
Soll eine Suppe oder ein Eintopf richtig satt machen, rechnet man pro Person etwa 400 bis 500 ml, als Vorspeise reichen 150 bis 200 ml.
So wird eine **Rindfleischbrühe** gekocht: Für 11/2 bis 2 l kräftige Brühe braucht man 500 g Knochen (Mark- oder Roastbeefknochen) und 1 kg Fleisch (Beinscheibe, Brust, Querrippe), 1 Zwiebel (mit 1 Lorbeerblatt und 2 Gewürznelken gespickt), 1 großes Bund Suppengrün, 1 El Pfefferkörner, Salz, nach Belieben 1 Zweig Thymian und 1 ungeschälte Knoblauchzehe.
Brühe kocht man offen in einem großen Suppentopf, also ohne Deckel. **Knochen, Fleisch und Gewürze immer mit kaltem Wasser aufsetzen und langsam zum Kochen bringen,** weil die Aroma- und Inhaltstoffe so besser an die Brühe abgegeben werden.
Wenn das Suppengrün noch als Einlage verwendet wird, soll es nur 30 bis 40 Minuten in der Brühe mitkochen, damit es noch etwas „Biß" und Geschmack hat. Wichtig: **Die Brühe immer erst zum Schluß salzen**, sie wird sonst zu salzig, da beim Kochen Flüssigkeit verdampft. Die Brühe soll nur leicht kochen (simmern, wallen), weil gelöste Teilchen sie sonst trüben.
Durch das Gerinnen von Eiweiß entsteht beim Kochen ein weißgrauer Schaum, der immer wieder abgeschöpft werden muß. Nach dem Kochen gießt man die Brühe durch ein feines Sieb, das mit einem feuchten Mulltuch ausgelegt ist: Die Brühe wird dadurch klarer. Dazu vorher das Fleisch und das Gemüse mit einer Schaumkelle aus der Brühe nehmen, Brühe kurz ruhenlassen und dann durch das Sieb gießen. Der grau-trübe Bodensatz bleibt dabei im Topf zurück.
Wird die Brühe nicht sofort gebraucht, setzt man den Suppentopf zum Abkühlen auf ein Rost, so daß die Brühe rundherum schnell abkühlt.
Abgekühlt hat sie eine leicht gallertartige Konsistenz, weil sich aus den Knochen Gelatine gelöst hat.
Außerdem setzt sich auf der Brühe eine **Fettschicht** ab, die sich mit einem Löffel einfach abheben läßt. Bei heißer Brühe zieht man vorsichtig mit einem scharfkantigen Suppenlöffel über die Brühe, um überschüssiges Fett abzuschöpfen.
In eine **Hühnerbrühe** gehören Hühnerklein (Flügel, Hals und Knochen) und Innereien (Herz, Magen), aber keine Leber; sie macht die Brühe bitter. Oder: Man kocht einfach ein ganzes Suppenhuhn.
Eine **Fischbrühe** wird kräftig durch Fischköpfe und -gräten. Es eignen sich jedoch nur die Gräten von weißfleischigen Fischen (z.B. Zander oder Hecht), weil rotfleischiger Fisch, wie zum Beispiel Lachs, die Brühe dunkel färbt.
Wichtig: Zartes Fischfleisch braucht zum Garen Säure. Gut schmeckt es, wenn es je zur Hälfte in Wasser und trockenem Weißwein gart. In eine **Gemüsebrühe** kommen Suppengrün, Zwiebeln, Petersilie, Thymian und Lorbeer.

3 Spargelsuppe mit Hackfleischklößen

Häufig werden klare Suppen oder Eintöpfe mit verschiedenen Gemüsesorten und Hackfleischklößchen als Einlage kombiniert.
Wird in einer Suppe frischer Spargel verwendet, sollten die **Spargelschalen vorher in Wasser gekocht werden**: Dadurch wird die Brühe besonders kräftig.
Die klare Spargelsuppe mit Erbsen und Hackfleischklößen (großes Foto links oben) wird für 4 Portionen so zubereitet: 500 g Spargel schälen. Die Spargelschalen in 1 Liter kaltem Wasser mit Salz, etwas Zucker und 10 g Butter 15 Minuten kochen (Foto 1 unten).
In der Zwischenzeit bereitet man die **Hackklößchen:** 1 kleine Zwiebel pellen, fein würfeln und in 10 g Butter oder Margarine glasig dünsten. 1 kleines Brötchen in Wasser einweichen und gut ausdrücken. 250 g Hackfleisch gut vermischen mit den Zwiebelwürfeln, 1 Ei, Brötchen, Salz, Pfeffer und 1 Tl Senf. Aus dem Teig kleine Bällchen formen. Dabei die Hände immer wieder mit Wasser anfeuchten. Hackbällchen auf ein Brett legen. In einem zweiten Topf etwa 11/2 Liter Brühe (Instant) oder Wasser mit Zwiebel, Nelke, Lorbeerblatt und Salz zum Kochen bringen.
Dann den Spargel aus der Brühe nehmen. Spargel in Stücke schneiden und 10 bis 15 Minuten in dem Spargelwasser kochen (Foto 2). 200 g Erbsen (tiefgekühlt) nach etwa der Hälfte der Garzeit in die Suppe geben.
Von der **Brühe** für die Hackklößchen etwas Flüssigkeit mit einem Suppenlöffel abnehmen und **über die Klöße gießen** (Foto 3): Dadurch haften sie nicht am Brett fest und gleiten dann ganz einfach in die Brühe. **Die Klöße dürfen nicht sprudelnd kochen**, sie sollen nur gar ziehen. Kleine Klöße sind nach 5 Minuten gar, sie steigen dann an die Oberfläche. Klopse brauchen etwa 10 bis 15 Minuten.
Hackklöße separat garen, da sie die klare Brühe trüben. Klöße aus der Brühe nehmen und in die Suppe geben.

1. Kräftige Brühe: Die Spargelschalen in Wasser kochen

2. Spargel in Brühe kochen

3. Hack mit Brühe begießen

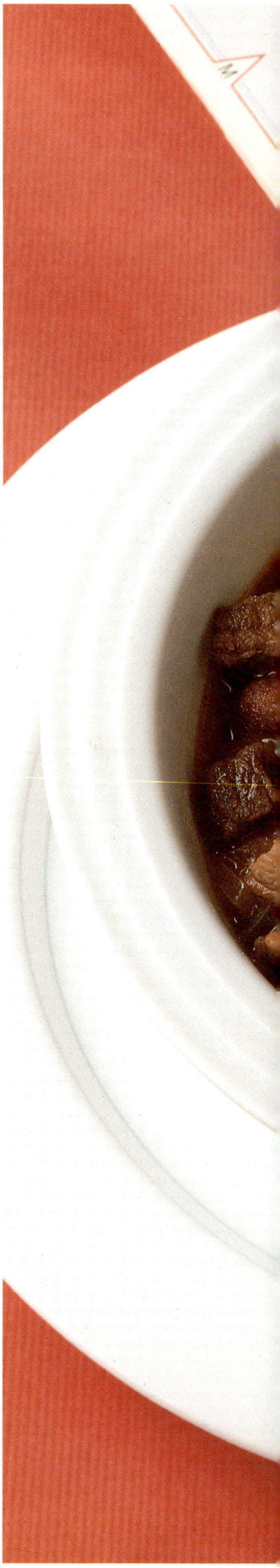

Steckrübeneintopf

Für 4–6 Portionen:
1 Steckrübe (750 g)
1 kg Kasselernacken (mit Knochen)
20 g Butterschmalz
1 l Brühe (Instant)
500 g Kartoffeln
1 Bund Suppengrün
1 Bund glatte Petersilie
Salz
Pfeffer (a.d. Mühle)
Muskatnuß (frisch gerieben)

1. Die Steckrübe halbieren, in Scheiben schneiden und schälen. Die Scheiben in Stifte, die Stifte in Würfel schneiden. Kasseler im heißen Butterschmalz rundherum anbraten. Die Steckrübenwürfel zugeben und die Brühe zugießen, zugedeckt bei mittlerer Hitze 20 Minuten kochen.

2. Inzwischen die Kartoffeln schälen, waschen und grob würfeln. Den Sellerie und die Petersilienwurzel schälen und würfeln. Die Möhre schälen und in Scheiben schneiden. Den Porree putzen, waschen und in Ringe schneiden.

3. Die Kartoffeln, Sellerie, Petersilienwurzel und Möhre zum Eintopf geben und 10 Minuten mitgaren. Die Petersilie fein hacken. Das Fleisch aus dem Topf nehmen, in Alufolie wickeln und warm halten.

4. Den Porree zum Eintopf geben und weitere 10 Minuten kochen lassen. Das Fleisch vom Knochen lösen, in Würfel schneiden und zum Gemüse geben. Den Eintopf mit Salz, Pfeffer und Muskat herzhaft würzen, mit Petersilie bestreuen.

Zubereitungszeit: 1 1/4 Stunden
Pro Portion (bei 6 Portionen) etwa 34 g E, 28 g F, 26 g KH = 515 kcal (2185 kJ)

Chili con carne

Für 6–8 Portionen:
1 kg Rindfleisch (aus der Keule)
6 El Öl
1 Gemüsezwiebel (500 g)
1 Chilischote
1 rote Paprikaschote
1 grüne Paprikaschote
1 Dose rote Bohnen (835 g)
1 Dose geschälte Tomaten (820 g)
2–3 Tl Tomatenmark
1/4 l Brühe (Instant)
Salz
Pfeffer (a.d. Mühle)
Chilipulver

1. Das Fleisch in kleine Würfel schneiden und in einem großen breiten Topf im Öl rundherum anbraten, bis die Flüssigkeit verdampft ist.

2. Die Zwiebel pellen, längs halbieren und dann jede Hälfte längs dritteln. Die Stücke quer in dünne Streifen schneiden, zum Fleisch geben und glasig dünsten.

3. Die Chili- und Paprikaschoten halbieren, entkernen und waschen. Chilischote in sehr

feine Würfel schneiden, Paprika in grobe Würfel. Die Bohnen in ein Sieb geben, kalt abbrausen und abtropfen lassen.

4. Paprika, Chilischote, Tomaten mit der Flüssigkeit, Bohnen, Tomatenmark und Brühe zum Fleisch geben, aufkochen lassen und im offenen Topf 30 Minuten garen, gelegentlich umrühren, mit Salz, Pfeffer und Chilipulver abschmecken.

Zubereitungszeit: 55 Minuten
Pro Portion (bei 8 Portionen) etwa 40 g E, 18 g F, 39 g KH = 502 kcal (2099 kJ)

Rotkohleintopf

Für 6–8 Portionen:
1 Zwiebel
2 Lorbeerblätter
2 Gewürznelken
1 kg Ochsenbein
2 1/2 l Brühe (Instant)
750 g Rotkohl
4 El Öl
4 El Weißweinessig
1/8 l Weißwein
500 g Porree
Salz
Pfeffer (a.d. Mühle)
1 Bund Dill
200 g Crème fraîche

1. Die Zwiebel pellen und mit Lorbeer und Nelken spicken, zusammen mit dem Ochsenbein in die Brühe geben und offen bei milder Hitze 1 1/2 Stunden leise kochen lassen. Die Zwiebel entfernen.

2. Den Rotkohl vierteln, den Strunk herausschneiden und den Kohl in feine Streifen schneiden. Kohl so lange im Öl andünsten, bis er zusammengefallen ist.

3. Den Essig, Wein und Brühe zugießen und zugedeckt bei milder Hitze 1 Stunde kochen.

4. Das Fleisch von den Knochen lösen, das Fett abschneiden und das magere Fleisch würfeln. Den Porree putzen, waschen und in Ringe schneiden.

5. Das Fleisch und den Porree die letzten 15 Minuten mitgaren, den Eintopf mit Salz und Pfeffer herzhaft würzen.

6. Einige Dillzweige beiseite legen, restlichen Dill hacken und mit Crème fraîche verrühren. Crème-fraîche-Mischung und Dillzweige auf den fertigen Eintopf geben.

Zubereitungszeit: 2 Stunden, 50 Minuten
Pro Portion (bei 8 Portionen) etwa 25 g E, 21 g F, 6 g KH = 337 kcal (1413 kJ)

Zucchinisuppe

Für 4 Portionen:
2 Zwiebeln (100 g)
600 g Zucchini
30 g Butter oder Margarine
1/2 l Gemüsebrühe (Instant)
1/4 l Schlagsahne
1 Bund Basilikum
1 Eigelb
Salz
Pfeffer (a.d. Mühle)
1–2 Tl Zitronensaft

1. Die Zwiebeln pellen und in Würfel schneiden. Die Zucchini putzen, waschen und in Streifen schneiden.

2. Die Zwiebelwürfel im heißen Fett andünsten, 400 g Zucchinistreifen zugeben und 5 Minuten mit andünsten, mit Brühe und Sahne ablöschen, aufkochen lassen.

3. Die Suppe mit dem Schneidstab des Handrührers pürie-

ren. Die restlichen Zucchinistreifen in die Suppe geben und 2 Minuten auf kleiner Stufe kochen lassen.

4. Inzwischen das Basilikum hacken (einige Blätter beiseite legen). Das Eigelb mit 4 El Suppe verquirlen und zur Suppe geben, nicht mehr kochen lassen.

5. Das Basilikum in die Suppe rühren, mit Salz, Pfeffer und Zitronensaft abschmecken. Mit Basilikumblättern garnieren.

Zubereitungszeit: 30 Minuten
Pro Portion etwa 5 g E, 28 g F, 7 g KH = 315 kcal (1320 kJ)

Rosenkohleintopf mit Rippchen

Für 4 Portionen:
25 g getrocknete Steinpilze
750 g dicke Rippe (im Stück)
Salz
Pfeffer (a.d. Mühle)
2 El Öl
500 g Wirsing
750 g Rosenkohl
1 Tl Kümmel
Cayennepfeffer
1 Becher Schmand (200 g)
1–2 Tl Dillspitzen (getrocknet)

1. Die Steinpilze in einem Sieb unter kaltem Wasser abbrausen und in 1/2 l Wasser einweichen.

2. Die Rippchen mit Salz und Pfeffer einreiben und im heißen Öl rundherum anbraten. Die Steinpilze mit dem Einweichwasser dazugeben und zugedeckt 50 Minuten garen.

3. Den Wirsing putzen, vierteln, den Strunk entfernen und die Blätter in Streifen schnei-

den. Den Rosenkohl putzen und mit dem Wirsing und Kümmel zum Fleisch geben. Den Eintopf weitere 20–30 Minuten kochen.

4. Das Fleisch herausnehmen, vom Knochen lösen und in Scheiben schneiden. Den Eintopf mit Salz, Pfeffer, Kümmel und Cayennepfeffer würzen. Den Schmand mit den Dillspitzen verrühren und mit dem Fleisch auf den Eintopf geben.

Zubereitungszeit: 1 Stunde, 20 Minuten
Pro Portion etwa 34 g E, 47 g F, 14 g KH = 640 kcal (2675 kJ)

Irish Stew

Für 4–6 Portionen:
1 kg Lammschulter
(ohne Knochen)
500 g Zwiebeln
750 g Möhren
500 g Kartoffeln
Salz
Pfeffer (a.d. Mühle)
1 Bund Thymian
1/2 l Brühe (Instant)
1 Bund glatte Petersilie

1. Die Lammschulter von den Sehnen und dem überflüssigen Fett befreien. Das Fleisch in mundgerechte Stücke schneiden.

2. Die Zwiebeln pellen, halbieren und in halbe Ringe schneiden. Die Möhren putzen, schälen und schräg in Scheiben schneiden.

3. Die Kartoffeln schälen, waschen und quer in Scheiben schneiden. Die Kartoffelscheiben in einen großen Topf (etwa 4 l Inhalt) geben.

4. Nacheinander Möhren, Zwiebeln und Fleisch ein-

schichten. Die einzelnen Lagen mit Salz, Pfeffer und 3/4 der Thymianzweige würzen. Die Brühe zugießen, aufkochen lassen und zugedeckt etwa 1 Stunde kochen. Die Petersilie hacken. Den Eintopf abschmecken und mit Petersilie und restlichem Thymian bestreuen.

Zubereitungszeit: 2 Stunden
Pro Portion (bei 6 Portionen) etwa 33 g E, 28 g F, 21 g KH = 495 kcal (2072 kJ)

Linsen-Curry-Suppe

Für 4 Portionen:
200 g Linsen
Salz
200 g Hähnchenbrustfilets
1 Zwiebel (50 g)
1 kleine Dose Ananas (EW 145 g)
30 g Butter oder Margarine
1 El Curry
750 ml Gemüsebrühe (Instant)
Pfeffer (a.d. Mühle)
2 Eigelb
1/4 l Schlagsahne
1 Bund Schnittlauch

1. Die Linsen in 1/2 l kochendes Salzwasser geben und darin 45 Minuten kochen. In der Zwischenzeit Hähnchenbrustfilets in Streifen schneiden. Die Zwiebel pellen und fein würfeln. Die Ananas in Stücke schneiden.

2. Die Hähnchenbrustfilets im

heißen Fett anbraten, mit Curry bestäuben und kurz anschwitzen. Mit der Brühe auffüllen und 4 bis 5 Minuten kochen. Mit Salz und Pfeffer würzen. Die Linsen und Ananas zugeben.

3. Eigelb und die Sahne verquirlen und in die nicht mehr kochende Suppe rühren. Mit den Schnittlauchröllchen bestreuen.

Zubereitungszeit: 50 Minuten
Pro Portion etwa 28 g E, 31 g F, 36 g KH = 553 kcal (2315 kJ)

Blumenkohlsuppe mit Broccoliröschen

Für 4–6 Portionen:
1 Blumenkohl (ca. 600 g)
250 g Broccoli
1 l Brühe (Instant)
1–2 El helles Saucenbindemittel
Salz
Pfeffer (a.d. Mühle)
1 Prise Zucker
Muskatnuß (frisch gerieben)
1/8 l Schlagsahne
2 Eigelb
1 Bund glatte Petersilie

1. Den Blumenkohl und den Broccoli putzen, waschen und

in Röschen teilen. Den Blumenkohl in die kochende Brühe geben und bei milder Hitze zugedeckt 10–15 Minuten garen.

2. Etwa 150 g Blumenkohlröschen mit der Schaumkelle aus der Brühe nehmen und beiseite stellen. Den Rest in der Brühe mit dem Schneidstab des Handrührers pürieren.

3. Die Broccoliröschen in die Brühe geben und darin zugedeckt 5 Minuten kochen. Die Blumenkohlröschen wieder in die Suppe geben.

4. Das Saucenbindemittel zugeben, aufkochen lassen, dann mit Salz, Pfeffer, Zucker und Muskat kräftig würzen. Die Sahne mit Eigelb verquirlen und in die Suppe rühren, nicht mehr kochen lassen.

5. Die Petersilie fein hacken und über die Suppe streuen.

Zubereitungszeit: 30 Minuten
Pro Portion (bei 6 Portionen) etwa 4 g E, 10 g F, 6 g KH = 130 kcal (544 kJ)

Knoblauchsuppe

Für 4 Portionen:
3–4 Knoblauchzehen
4 Zwiebeln
2 El Öl
700 g Wirsing
1 l Brühe (Instant)
300 g Tomaten
4 Scheiben Bauernbrot
2 El Olivenöl
1 Bund Thymian
Salz
Pfeffer (a.d. Mühle)
scharfes Paprikapulver

1. Die Knoblauchzehen und die Zwiebeln pellen und in sehr feine Würfel schneiden. Knoblauch- und Zwiebelwürfel im heißen Öl glasig dünsten.

2. Den Wirsing putzen, vierteln und den Strunk herausschneiden. Die Viertel in Streifen schneiden und zum Knoblauch und Zwiebeln geben, kurz andünsten, dann die Brühe angießen und zugedeckt 30 Minuten kochen.

3. Die Tomaten kreuzweise einritzen, überbrühen, kalt abschrecken und häuten. Die Tomaten vierteln und entkernen. Die Viertel quer durchschneiden und nach 20 Minuten zur Suppe geben.

4. Das Brot entrinden, würfeln und im Öl goldbraun rösten. Die Thymianblättchen abzupfen. Die Suppe mit Salz, Pfeffer und Paprikapulver kräftig abschmecken und mit Brotwürfeln und Thymian bestreuen.

Zubereitungszeit: 40 Minuten
Pro Portion etwa 9 g E, 12 g F, 28 g KH = 259 kcal (1081 kJ)

11. Kapitel

AUFLÄUFE UND GRATINS

Schmeckt ofenfrisch am besten: saftig-lockerer Apfel-Quark-Auflauf. Dazu paßt heiße oder kalte Vanillesauce.
Rezept Seite 112

Apfel-Quark-Auflauf

(Zum Foto von Seite 111)
Für 4 Portionen:
1/2 l Milch
60 g Zucker
1 Paket Vanillinzucker
50 g Butter oder Margarine
135 g Grieß
abgeriebene Schale von 1 unbehandelten Zitrone
4 El Zitronensaft
500 g Sahnequark
4 Äpfel
2 Eier (getrennt)
Fett für die Form
20 g gehobelte Mandeln

1. Milch mit Zucker, Vanillinzucker und Fett aufkochen. Grieß einrieseln lassen, unter Rühren 5 Minuten quellen lassen. Zitronenschale und 2 El Zitronensaft zugeben.

2. Sahnequark in einem Geschirrtuch gut ausdrücken. Die Äpfel schälen, halbieren, die Kerngehäuse entfernen. Die Apfelhälften an der Oberseite etwa 1 cm tief einschneiden (oder mit einer Gabel einritzen) und mit restlichem Zitronensaft beträufeln.

3. Quark mit Eigelb verrühren, die Grießmasse unterheben. Eiweiß steif schlagen und unterheben (Foto 1). Die Masse in eine gefettete Auflaufform geben und glattstreichen. Die Apfelhälften auf die Masse geben und mit Mandeln bestreuen (Foto 2).

4. Auflauf bei 200 Grad (Umluft 175 Grad, Gas 3) auf der mittleren Einschubleiste 40 Minuten backen. Sofort servieren.
Dazu paßt Vanillesauce.

Zubereitungszeit: 1 Stunde
Pro Portion etwa 26 g E, 38 g F, 73 g KH = 757 kcal (3167 kJ)

Die Eiermilch verbindet Nudeln, Tomaten und Spinat zu einem saftigen Auflauf

1 Süß oder salzig: Aufläufe

Ursprünglich ist ein Auflauf eine fein gewürzte Masse, der steif geschlagenes Eiweiß zugegeben wird: Beim Backen geht die Masse durch den Eischnee hoch – sie „läuft auf". Als Auflauf werden aber auch Speisen bezeichnet, die einfach in einer Auflaufform gebacken werden, egal, ob süß oder salzig.

Unter süße Aufläufe wird immer Eischnee gehoben, da sie dadurch besonders locker und saftig werden. **Das steif geschlagene Eiweiß hebt man mit einem Schneebesen vorsichtig unter die Auflaufmasse** (Foto 1). Wird es zu stark gerührt, fällt das zarte Eiweißgerüst zusammen, und der Auflauf wird „klitschig". Süße Aufläufe bestreut man häufig mit gehobelten Mandeln (Foto 2), Nüssen oder etwas Zucker.

Salzige Aufläufe lassen sich sehr gut vorbereiten: Die Zutaten kann man vorher schon zerkleinern oder blanchieren. Kurz vor dem Backen die Zutaten dann in die Form schichten, mit Eier-Milch begießen, mit Käse bestreuen, backen und heiß servieren. Aufläufe sind auch ideal, um aus Resten wie Kartoffeln, Gemüse und Fleisch oder Wurst eine komplette Mahlzeit zu zaubern.

Die **Eiermilch** (auf 1/4 l Milch etwa 3–4 Eier) hält den Auflauf zusammen, weil sie während des Garens stockt. Eiermilch läßt sich verfeinern mit Schlagsahne, Crème fraîche, saurer Sahne oder Schmand. Saftiger ist ein Auflauf, wenn er direkt mit einer Sauce (Tomaten-, Käse-, Kräutersauce) übergossen backt.

Besonders wichtig für einen Auflauf ist seine **Kruste** – sie soll kroß und gelbgold sein. Entweder wird der Auflauf nur mit geriebenem Käse, Käse

1. Eischnee unter die Masse heben

2. Auflaufmasse mit Mandeln bestreuen

und Butterflöckchen oder Butterflöckchen mit Semmelbröseln (und zusätzlich mit Käse) bestreut.
Aufläufe backt man bei etwa 200 Grad (Umluft 200 Grad, Gas 3). Die Backzeit richtet sich danach, ob die Zutaten noch roh, heiß oder kalt sind.
Besonders einfach und schmackhaft ist ein **Nudelauflauf mit Spinat** (für 4 Portionen): 400 g Nudeln in Salzwasser bißfest kochen, abgießen und kalt abschrecken. 1 Dose geschälte Tomaten (820 g) bei großer Hitze in einer Pfanne einkochen, mit Salz und Pfeffer würzen. 1 kg frischen Blattspinat in Salzwasser blanchieren, abtropfen lassen (oder 300 g Spinat auftauen lassen). Nudeln in eine gefettete Auflaufform geben. Tomaten und Spinat darauf verteilen. 1/4 l Milch mit 3 Eiern verschlagen, mit Salz, Pfeffer und Muskat kräftig abschmecken, über den Auflauf gießen (Foto oben). Den Auflauf mit 100 g geriebenem Gouda (mittelalt) bestreuen und im Backofen bei 200 Grad (Umluft 200 Grad, Gas 3) etwa 30 bis 40 Minuten backen. Dazu schmeckt Tomaten- oder Käsesauce.
Schnelle Käsesauce: 40 g Butter oder Margarine erhitzen, 30 g Mehl zugeben und anschwitzen. 1/4 l Milch und 1/4 l Brühe zugeben, 10 Minuten auf kleiner Stufe kochen lassen. 200 g Sahneschmelzkäse zugeben, mit Pfeffer und Muskat abschmecken.

2 Überbacken: Gratins

Während bei Aufläufen mehrere Zutaten übereinandergeschichtet werden, besteht ein Gratin meistens nur aus einer Lage. **Der Gratin trägt seinen Namen vom Gratinieren, dem Überbacken.** Man schiebt ihn im Ofen auf die 3. Einschubleiste von unten, damit er eine krosse Kruste bekommt. Gratins sind meistens Beilage, Aufläufe eine sättigende Hauptmahlzeit.
Für Gratins müssen Gemüse und Kartoffeln dünn und gleichmäßig geschnitten sein, damit sie während des Überbackens gar werden, oder sie werden in Salzwasser blanchiert. Wird ein Gratin zu

Mit Butter bestreichen

Mit Käse bestreuen

einem Fleischgericht serviert, kann man sich die Sauce zum Fleisch sparen: Gratins werden in Brühe oder Sahne gebacken und sind so saftig, daß sie eine Sauce ersetzen.
Einfacher **Kohlrabigratin** für 4 Portionen: 500 g Kohlrabi schälen, halbieren und in dünne Scheiben schneiden. Kohlrabi dachziegelartig in vier kleine Gratinformen legen. 40 g Butter zerlassen, den Kohlrabi damit bestreichen (Foto oben). Dadurch verbrennt das Gemüse beim Überbacken nicht. Gratins mit so viel Brühe angießen, bis der Boden gerade bedeckt ist, dann im Ofen bei 200 Grad (Umluft 200 Grad, Gas 3) etwa 20 Minuten überbacken.
Der Klassiker unter den Gratins ist der **Kartoffelgratin**: 500 g Kartoffeln schälen, in Scheiben schneiden und 5 Minuten in Salzwasser kochen, herausnehmen, gut abtropfen lassen, in eine gefettete Gratinform geben (Foto Mitte links), mit 1/8 l Sahne übergießen, mit Salz, Pfeffer und Muskat würzen. Kartoffeln mit 100 g geriebenem Gouda (mittelalt) bestreuen und im Backofen bei 200 Grad (Umluft 200 Grad, Gas 3) etwa 20 Minuten überbacken.

3 Welchen Käse zum Überbacken?

Zum Überbacken von Aufläufen und Gratins eignen sich ältere Käsesorten am besten: Sie enthalten weniger Wasser und ziehen deshalb beim Überbacken keine Fäden. Außerdem sind sie kräftiger im Geschmack. Einen **jungen Gouda oder Edamer** sollte man deshalb nicht zum Überbacken nehmen.
Mittelalter Gouda ist besonders gut geeignet: Er zieht keine Fäden, läßt sich gut reiben und schmeckt kräftig-würzig.
Parmesan schmilzt nur in Verbindung mit Saucen, Sahne oder Butter (Öl). Trocken aufgestreut, verbrennt er leicht und schmeckt sehr scharf. Parmesan sollte möglichst nur frisch gerieben verwendet werden.
Die beste Alternative zu Parmesan, wenn er nicht frisch zu bekommen ist, ist **alter Gouda:** Der Käse ist sehr trocken und pikant im Geschmack.
Emmentaler und Gruyère schmelzen gut, wenn sie etwas abgelagert sind. Zum Überbacken mischt man sie mit Semmelbröseln und gibt zusätzlich Butterflöckchen auf den Auflauf.
Ebenfalls mit Semmelböseln und Butter gemischt, ergibt **Butterkäse** eine schöne Kruste.
Schmelzkäse schmilzt in Saucen und eignet sich in Scheiben geschnitten zum Überbacken von Toasts.
Wichtig ist: Die Kruste darf nur gelbgold sein und nicht dunkelbraun. Eine zu dunkle Kruste ist ungesund und schmeckt außerdem bitter.
Deshalb gilt: Wird die Kruste zu schnell braun, die Aufläufe und Gratins mit Alufolie abdecken.
Doch nicht jeder Auflauf oder Gratin wird mit Käse überbacken. Eine schmackhafte Variante wird nur aus **Butter und Semmelbröseln** bereitet. Dazu ein Rezept –
Sauerkrautauflauf mit Kasseler (Foto unten): 1 Dose Sauerkraut (820 g) zerpflücken und kurz in 20 g Butter anschwitzen, mit Salz, Pfeffer und 1 Prise Zucker würzen. Sauerkraut in einer ungefetteten Auflaufform verteilen. 4 Scheiben Kasseler darauflegen. 75 g Butter und 50 g Semmelbrösel in einer Pfanne aufwallen lassen. Brösel über den Auflauf geben und bei 200 Grad (Umluft 200 Grad, Gas 3) etwa 30 Minuten backen. Dazu passen Kartoffeln.

Sauerkrautauflauf mit Kasseler und Semmelbröselkruste

Nudelauflauf

Für 2 Portionen:
150 g Vollkorn-Bandnudeln
Salz
etwas Öl
400 g Zucchini
2 rote Paprikaschoten (375 g)
60 g Butter
Pfeffer (a.d. Mühle)
1 Msp. Sambal oelek
30 g Mehl (Type 1050)
1/8 l Gemüsebrühe (Paste)
1/4 l Milch
125 g Gouda (mittelalt)
Muskatnuß (frisch gerieben)
Butter für die Form

1. Die Nudeln in Salzwasser mit einem Schuß Öl kochen. Die Zucchini waschen, längs halbieren und in Scheiben schneiden. Die Paprika längs vierteln, putzen und waschen.

2. 30 g Butter schmelzen, die Zucchinischeiben darin schwenken, mit Salz, Pfeffer und Sambal oelek würzen und aus der Pfanne nehmen.

3. Die Paprikaviertel in die Pfanne geben, 5 Minuten dünsten und herausnehmen.

4. Restliche Butter schmelzen, das Mehl darin anschwitzen, die Brühe und die Milch nach und nach unterrühren, 10 Minuten leise kochen lassen.

5. Den Käse raspeln, 100 g davon unter die Sauce rühren. Mit Pfeffer und Muskat abschmecken.

6. Die Zucchinischeiben und die Nudeln in eine gefettete ofenfeste Form schichten und die Paprikaviertel darauflegen. Die Sauce darübergießen und mit restlichem Käse bestreuen.

7. Den Auflauf im vorgeheizten Backofen bei 200 Grad (Umluft 200 Grad, Gas 3) auf der 2. Einschubleiste von unten 20–30 Minuten backen.

Zubereitungszeit: 1 Stunde, 10 Minuten
Pro Portion etwa 37 g E, 56 g F, 74 g KH = 973 kcal (4070 kJ)

Apfel-Sauerkraut-Auflauf

Für 4–6 Portionen:
2 Pakete Bacon (à 180 g)
3 Zwiebeln
1 El Öl
1 große Dose Sauerkraut (810 g)
2 Lorbeerblätter
1 Tl Wacholderbeeren
1/8 l Weißwein
Salz
Pfeffer (a.d. Mühle)
1 kg Kartoffeln
3 säuerliche Äpfel
Fett für die Form
1 Bund Schnittlauch

1. Die Hälfte des Bacons in feine Streifen schneiden. Die Zwiebeln pellen und würfeln. Baconstreifen im Öl ausbraten, die Zwiebeln zugeben und glasig dünsten.

2. Das Sauerkraut, Lorbeer, Wacholder und Wein zugeben und zugedeckt 20 Minuten garen, kräftig mit Salz und Pfeffer würzen.

3. Die Kartoffeln schälen, waschen, in Scheiben schneiden und in Salzwasser 3–5 Minuten kochen.

4. Die Äpfel schälen, die Kerngehäuse ausstechen, und das

Fruchtfleisch quer in Scheiben schneiden.

5. Die Kartoffeln, Sauerkraut und Äpfel schichtweise in eine gefettete Auflaufform füllen und mit restlichen Baconscheiben belegen.

6. Den Auflauf im vorgeheizten Backofen bei 200 Grad (Umluft 200 Grad, Gas 3) auf der 2. Einschubleiste von unten 20–25 Minuten backen. Schnittlauch in Röllchen schneiden und über den Auflauf streuen.

Zubereitungszeit: 60 Minuten
Pro Portion (bei 6 Portionen) etwa 10 g E, 35 g F, 33 g KH = 519 kcal (2167 kJ)

Kohlrabigratin

Für 4 Portionen:
2 Zwiebeln
1,2 kg Kohlrabi
30 g Butter oder Margarine
1/4 l Schlagsahne
200 g Gouda (mittelalt)
Salz
Pfeffer (a.d. Mühle)
Muskatnuß (frisch gerieben)
3 Eier

1. Die Zwiebeln pellen und fein würfeln. Vom Kohlrabi das zarte Grün beiseite legen. Kohlrabi schälen, halbieren und in Scheiben schneiden.

2. Die Zwiebeln im Fett glasig dünsten. Den Kohlrabi zugeben, mit der Sahne auffüllen und zugedeckt 10 Minuten garen.

3. Den Käse grob raspeln. Die Hälfte des Käses zum Kohlrabi geben und das Gemüse mit Salz, Pfeffer und Muskat würzen. Die Eier verschlagen und untermischen.

4. Den Kohlrabi in eine flache, feuerfeste Form verteilen, mit dem restlichen Käse bestreuen und im vorgeheizten Backofen bei 200 Grad (Umluft 220 Grad, Gas 3) 30 Minuten überbacken.

5. Das Kohlrabigrün grob hacken und vor dem Servieren über den Gratin streuen.

Zubereitungszeit: 60 Minuten
Pro Portion etwa 23 g E, 45 g F, 11 g KH = 564 kcal (2358 kJ)

Kartoffel-Champignon-Gratin

Für 4 Portionen:
750 g Kartoffeln
Salz
750 g Champignons
2 Zwiebeln
1 Knoblauchzehe
30 g Butterschmalz
Pfeffer (a.d. Mühle)
2 Tl Worcestershiresauce
30 g Butter oder Margarine
30 g Mehl
1/4 Brühe (Instant)
1/8 l Milch
1 Paket Schmelzkäse (200 g)
1 Bund Schnittlauch
2 Eigelb
Fett für die Form

1. Die Kartoffeln schälen, waschen und in Scheiben schneiden. Kartoffeln 5–7 Minuten in Salzwasser kochen, abgießen, kalt abschrecken und abtropfen lassen.

2. Die Champignons putzen und waschen. Zwiebeln und Knoblauch pellen, beides fein würfeln und im heißen Butterschmalz glasig dünsten. Die Champignons zugeben und so lange dünsten, bis die Flüssigkeit verdampft ist. Mit Salz, Pfeffer und Worcestershiresauce würzen.

3. Die Butter oder Margarine in einem Topf zerlassen und das Mehl darin anschwitzen. Mit Brühe und Milch auffüllen und aufkochen lassen. Den Käse unter Rühren zugeben und darin schmelzen lassen. Mit Pfeffer würzen.

4. Den Schnittlauch in Röllchen schneiden. Die Hälfte des Schnittlauchs und die verquirlten Eigelb zugeben.

5. Die Kartoffeln in eine gefettete Auflaufform füllen, die Hälfte der Sauce, dann die Champignons und die restliche Sauce darübergeben. Den Gratin im vorgeheizten Backofen bei 200 Grad (Umluft 200 Grad, 40–45 Minuten; Gas 3) auf der 2. Einschubleiste von unten 25 Minuten überbacken. Mit Schnittlauch bestreuen.

Zubereitungszeit: 1 Stunde
Pro Portion etwa 19 g E, 23 g F, 32 g KH = 427 kcal (1784 kJ)

Porree-Champignon-Gratin

Für 4 Portionen:
500 g Porree
250 g Champignons
1 El Öl
1 El Mehl
1/8 l Brühe (Instant)
100 g Crème fraîche
100 g Parmesan
Salz
Pfeffer (a.d. Mühle)
Muskatnuß (frisch gerieben)

1. Den Porree putzen, waschen und in Ringe schneiden. Die Champignons putzen, waschen und in Scheiben schneiden. Beides im heißen Öl unter Rühren andünsten. Das Mehl darüberstäuben, kurz anschwitzen und mit Brühe und Crème fraîche auffüllen, offen 5 Minuten kochen lassen.

2. Den Käse auf der Haushalts-

reibe grob raspeln. Das Gemüse mit Salz, Pfeffer und Muskatnuß kräftig würzen und in eine flache Auflaufform geben, mit Käse bestreuen.

3. Den Gratin im vorgeheizten Backofen bei 225 Grad (Umluft 15 Minuten; Gas 4) auf der 2. Einschubleiste von unten 10–15 Minuten überbacken.

Zubereitungszeit: 35 Minuten
Pro Portion etwa 13 g E, 14 g F, 6 g KH = 217 kcal (909 kJ)

Möhrenauflauf mit Spinat

Für 4 Portionen:
3 Zwiebeln (ca. 90 g)
60 g Butter oder Margarine
2 Pakete Blattspinat (à 300 g, TK)
750 g Möhren
Salz
Pfeffer (a.d. Mühle)
Muskatnuß (frisch gerieben)
20 g Mehl
1/4 l Brühe (Instant)
1 Paket Sahneschmelzkäse (200 g)
250 g gekochter Schinken (in Scheiben)
100 g Gouda (mittelalt)

1. Die Zwiebeln pellen, fein würfeln und in 30 g zerlassenem Fett andünsten. Den Spinat gefroren dazugeben und bei mittlerer Hitze auftauen lassen.

2. Die Möhren schälen, schräg

in Scheiben schneiden und in kochendem Salzwasser 5 Minuten blanchieren.

3. Den Spinat mit Salz, Pfeffer und Muskat würzen und abtropfen lassen. Restliches Fett zerlassen und das Mehl darin anschwitzen. Die Brühe zugießen und unter Rühren aufkochen, den Schmelzkäse darin zerlassen, mit Pfeffer und Muskat abschmecken.

4. Den Schinken würfeln, den Gouda grob raspeln. Den Spinat in eine flache Auflaufform geben. Schinken und Möhren daraufschichten, mit der Sauce begießen und mit Käse bestreuen. Den Auflauf im vorgeheizten Backofen bei 200 Grad (Umluft 200 Grad, Gas 3) auf der 2. Einschubleiste von unten 20–30 Minuten überbacken.

Zubereitungszeit: 1 Stunde, 20 Minuten
Pro Portion etwa 32 g E, 44 g F, 19 g KH = 616 kcal (2581 kJ)

Linsenauflauf mit Mettwurst

Für 4 Portionen:
250 g Linsen
Salz
1 Bund Suppengrün
350 g Kartoffeln
3 Zweige Majoran
150 g Mettwurst (im Stück)
100 g Gouda
1 El Öl
Pfeffer (a.d. Mühle)
40 g Mehl
40 g Butter oder Margarine
1/4 l Milch
1/4 l Brühe (Instant)
Muskatnuß (frisch gerieben)
1 Bund Schnittlauch

1. Die Linsen in 3/4 l Salzwasser geben und darin 45 Minuten kochen. In der Zwischenzeit Sellerie, Möhren und Kartoffeln schälen, waschen und würfeln. Den Porree putzen, waschen und in Ringe schneiden. Den Majoran von den Stielen zupfen. Die Mettwurst würfeln, den Gouda in 2 cm lange Streifen schneiden.

2. Das Gemüse im Öl 4–5 Minuten andünsten, mit Salz und Pfeffer würzen. Das Mehl in 30 g Fett anschwitzen, mit Milch und Brühe auffüllen und 10 Minuten kochen lassen. Mit Salz, Pfeffer und Muskat würzen. Den Majoran unterheben.

3. Eine Auflaufform mit dem restlichen Fett ausstreichen. Gemüse, Linsen, Mettwurst und die Sauce in die Form schichten. Die Käsestreifen darüberlegen.

4. Den Auflauf im vorgeheizten Backofen bei 200 Grad (Umluft 200 Grad, 25–30 Minuten; Gas 3) auf der 2. Einschubleiste von unten 15–20 Minuten überbacken. Schnittlauch in Röllchen schneiden und darüberstreuen.

Zubereitungszeit: 1 1/2 Stunden
Pro Portion etwa 33 g E, 39 g F, 65 g KH = 769 kcal (3216 kJ)

Erbsenpüree-Auflauf

Für 4 Portionen:
350 g Zwiebeln
750 g gemischtes Hack
4 El Öl
Salz
Pfeffer (a.d. Mühle)
2 El Senf (mittelscharf)
1/2 l Gemüsebrühe (Instant)
1 Paket Erbsenpüree (2 Beutel)
50 g Crème fraîche
30 g Butter oder Margarine

1. Die Zwiebeln pellen. 3 Zwiebeln würfeln. Restliche Zwiebeln halbieren und quer in halbe Ringe schneiden.

2. Das Hack im heißen Öl kräftig anbraten, die Zwiebelwürfel zugeben. Das Hack braten, bis es krümelig ist, mit Salz, Pfeffer und Senf würzen.

3. Das Hack in eine Auflaufform füllen. Die Brühe zum Kochen bringen. Das Erbsenpüree unter Rühren einstreuen, den Topf vom Herd nehmen und Crème fraîche unterheben. Das Püree mit Salz und Pfeffer würzen, dann auf die Hackmasse streichen.

4. Die Zwiebelringe im zerlassenen Fett anschwitzen und mit dem Bratfett auf das Püree geben. Den Auflauf im vorgeheizten Backofen bei 200 Grad (Umluft 200 Grad, 20–25 Minuten; Gas 3) auf der 2. Einschubleiste von unten 20–30 Minuten überbacken.

Zubereitungszeit: 45 Minuten
Pro Portion etwa 47 g E, 58 g F, 14 g KH = 806 kcal (3373 kJ)

Blumenkohlgratin

Für 4 Portionen:
1 Blumenkohl (ca. 700 g)
Salz
500 g Kartoffeln
30 g Mehl
40 g Butter oder Margarine
1/8 l Brühe (Instant)
3/8 l Milch
250 g gekochter Schinken
150 g Gouda (mittelalt)
Fett für die Form
Pfeffer (a.d. Mühle)
Mußkatnuß (frisch gerieben)
Kerbel oder Petersilie

1. Den Blumenkohl putzen, waschen, in Röschen teilen und 10 Minuten in Salzwasser kochen. Die Kartoffeln schälen, waschen und in dünne Scheiben schneiden.

2. Den Kohl abtropfen lassen. Die Kartoffeln in Salzwasser 5 Minuten kochen und abtropfen lassen. Das Mehl im heißen Fett anschwitzen, die Brühe und die Milch unter Rühren zugießen und 10 Minuten kochen.

3. Den Schinken in Streifen schneiden. Den Käse grob raffeln. Eine Auflaufform ausfetten, Kartoffeln, 3/4 der Schinkenstreifen und den Blumenkohl einschichten.

4. 100 g Käse in die Sauce rühren, mit Salz, Pfeffer und Muskat würzen und über den Kohl geben. Den Schinken darüberstreuen.

5. Den Gratin mit dem restlichen Käse bestreuen und im vorgeheizten Backofen bei 200 Grad (Umluft 200 Grad, 35–40 Minuten; Gas 3) auf der 2. Einschubleiste von unten 20–25 Minuten überbacken. Mit Kerbel oder Petersilie bestreuen.

Zubereitungszeit: 1 1/2 Stunden
Pro Portion etwa 32 g E, 31 g F, 28 g KH = 541 kcal (2264 kJ)

12. Kapitel
GEMÜSE

Pilzragout mit Petersiliensauce macht satt und ist bereits nach einer halben Stunde fertig.
Rezept Seite 124

Zu schade, nur Beilage zum Fleisch zu sein: Gemüse in seiner ganzen Vielfalt

Pilzragout mit Petersiliensauce

(Zum Foto von Seite 123)
Für 2 Portionen:
250 g Champignons
250 g Pfifferlinge
500 g Kartoffeln
Salz
30 g Bacon
1 El Mehl
1/8 l Brühe (Instant)
1 Bund glatte Petersilie
Pfeffer (a.d. Mühle)
1 Tl Worcestershiresauce

1. Pilze putzen und abbrausen. Champignons mit dem Eischneider in Scheiben schneiden. Kartoffeln schälen, in Salzwasser kochen.

2. Bacon würfeln, in einer beschichteten Pfanne ausbraten. Pilze zugeben und 5 Minuten dünsten. Pilze mit Mehl bestäuben, anschwitzen, mit Brühe ablöschen und zugedeckt 3 Minuten kochen.

3. Petersilie hacken. Ragout mit Salz, Pfeffer und Worcestershiresauce kräftig würzen. 2/3 der Petersilie unter das Ragout rühren, den Rest über die Kartoffeln geben.

Zubereitungszeit: 30 Minuten
Pro Portion etwa 14 g E, 10 g F, 48 g KH = 340 kcal (1423 kJ)

1 So wird Gemüse vorbereitet

Frisches Gemüse steckt voller Geschmack und Vitaminen: Deshalb sollte es so schnell und so schonend wie möglich zubereitet werden, um beides zu erhalten.

Das Gemüse sollte man immer im ganzen waschen, damit die wasserlöslichen Vitamine nicht verlorengehen.

Zerkleinertes Gemüse immer mit einem Tuch bis zum Zubereiten abdecken; einige Vitamine werden durch Licht zerstört. Kommt man um eine kurze Lagerzeit nicht herum, das Gemüse kühl und dunkel aufbewahren. Das Gemüse aus Plastikverpackungen nehmen, weil es darin leicht „schwitzt" und fault.

Viele Vitamine, vor allem Vitamin C, sind hitzeempfindlich. Je länger das Gemüse gart, desto größer der Vitaminverlust. Deshalb gilt: **Gemüse „bißfest" garen.** Dann ist es noch vitaminreich und hat am meisten Geschmack.

Gemüse sollte nie über eine längere Zeit warmgehalten werden, vitaminschonender ist: Gemüse abkühlen lassen und erneut erhitzen.

Zum Dünsten ideal: Topf mit gut schließendem Deckel

2 Dünsten schont das Gemüse

Beim Dünsten wird das Gemüse geschont, weil es **bei geringer Hitze** (Stufe 1) **in wenig Flüssigkeit gart.** Vitamine, Mineralstoffe und Geschmack bleiben weitestgehend erhalten, wenn die Garzeit so kurz wie möglich gehalten wird, das Gemüse also noch „Biß" hat.

Das geputzte und zerkleinerte Gemüse wird zuerst in etwas Butter (oder Margarine) gewendet. Es erhält dadurch mehr Geschmack. Trockene Gemüse wie junge Erbsen, Zuckerschoten oder Rosenkohl brauchen zum Dünsten noch zwei bis vier Eßlöffel Wasser oder Brühe, da sie selbst nicht genügend Flüssigkeit enthalten. Wasserreiche Gemüse wie Möhren, Blumen-

kohl oder Kohlrabi werden nach dem Waschen tropfnaß in den Topf (oder eine feuerfeste Glasform) gegeben und mit einem Deckel verschlossen. Beim Garen verdampft das Wasser aus dem Gemüse oder aus der zugegebenen Flüssigkeit, schlägt sich am Deckel nieder und tropft zurück auf das Gemüse – es gart im eigenem Saft. Während des Dünstens sollte der Deckel nicht abgehoben werden – das Gemüse brennt auch ohne Umrühren nicht an, da die Temperatur gering ist.

3 Warum wird Gemüse blanchiert?

Beim Blanchieren wird das Gemüse kurz in kochendes Salzwasser gegeben, herausgenommen und am besten in Eiswasser oder sehr kaltem Wasser **abgeschreckt**, damit der Garprozeß sofort stoppt. Erbsen, grüne Bohnen oder Spinat behalten durch das Blanchieren ihre kräftige Farbe. Außerdem verlieren Spinat, Rosenkohl und Wirsing ihren etwas herben Geschmack.

So wird Spinat blanchiert

Das Gemüse wird meistens blanchiert, um es zum Einfrieren vorzubereiten. Denn durch das Blanchieren wird verhindert, daß Enzyme das Gemüse braun färben.
Es ist ausreichend blanchiert, wenn das Wasser nach dem Zugeben wieder kocht. Wird eine größere Menge blanchiert, gibt man sie portionsweise ins kochende Wasser. Das Gemüse laugt nicht sehr aus, Vitamine, Mineralstoffe und Geschmack bleiben erhalten. Spinat braucht nach dem Blanchieren nur noch kurz in Butter, Öl oder Margarine geschwenkt und mit Salz, Pfeffer und Muskat abgeschmeckt zu werden.

4 Welches Gemüse wird gekocht?

Wenn Gemüse im ganzen serviert werden sollen, bietet sich das Kochen an: Dem **Garen in viel Flüssigkeit, die das Gemüse ganz oder zumindest teilweise bedeckt.** Häufig gekocht wird Blumenkohl, Fenchel, Broccoli, Staudensellerie, Knollensellerie, Chicoree, Rote Bete, Weiß- und Wirsingkohl, Spargel und Artischocken.
Kohlrabi oder Zwiebeln werden im ganzen gekocht, um sie danach auszuhöhlen und mit einer Masse zu füllen.
Damit das Gemüse nicht zu sehr auslaugt, gibt man es immer in das kochende Wasser, und nimmt es heraus, sobald es bißfest ist. Ein Blumenkohl ist bereits nach 12 bis 15 Minuten gut, Weißkohl, Wirsing und Fenchel nach 15 Minuten, Chicoree nach 3 bis 5 Minuten.
Wer das Gemüse herzhafter mag, kocht es von Beginn an in Brühe oder gibt Gewürze hinzu wie Muskatnuß oder Curry.
Das Kochwasser oder die Brühe gießt man nicht weg: Es kann die Basis für eine Suppe, zum Beispiel Blumenkohl- oder Broccolisuppe, sein. Das Wasser ist nach dem Kochen außerdem reich an Mineralstoffen, die aus dem Gemüse herausgelöst wurden. Gekochtes Gemüse darf nie im Kochwasser liegen bleiben, es schmeckt dann fad.
Den Sud fürs Spargelkochen bereitet man so: Spargel schälen, die Spargelschalen waschen und im Salzwasser, mit etwas Zucker und Butter gewürzt, 10 Minuten kochen lassen. Die Schalen herausnehmen, den Spargel hineingeben und kochen. Das kräftige Spargelwasser wird dann für eine Suppe oder Sauce weiterverwendet.

5 Pilze: am besten gedünstet

Pilze schmecken am besten, wenn sie nur in Butter oder Margarine gedünstet werden. Da sie bis zu 90 Prozent Wasser enthalten, dünstet man die Pilze so lange, bis die ausgetretene Flüssigkeit verdampft ist. Da Champignons, Pfifferlinge und Co sehr empfindlich sind, wäscht man sie nicht, sondern bürstet oder braust sie nur ab. Besser ist es, Pilze nicht nochmals aufzuwärmen, da das Eiweiß leicht verdirbt. Werden sie jedoch ein zweites Mal erhitzt, müssen sie gut durchkochen. Wichtig: Nach dem ersten Erwärmen Pilze schnell abkühlen und kalt lagern, aber nicht länger als einen Tag.

6 Am gesündesten: Das Gemüse dämpfen

Beim Dämpfen wird das Gemüse im Wasserdampf gegart. Es ist die schonendste und gesündeste Art, Gemüse zu garen, da Vitamine, Mineralstoffe und Geschmack erhalten bleiben. Zum Dämpfen wird das geputzte und zerkleinerte Gemüse in einen Topf mit Siebeinsatz gegeben. Den Topf etwa zwei Zentimeter mit Wasser füllen und verschließen. Dann kocht man unter großer Hitze (Stufe 3) das Wasser auf und schaltet es auf mittlere Hitze (Stufe 2) zurück.

7 Damit läßt sich Gemüse würzen

Frische, knackig gegarte Gemüse haben so viel Aroma, daß sie nur wenig gewürzt werden müssen. Man kann sie leicht salzen, pfeffern und mit Kräutern verfeinern.
Mit einer Prise Zucker wird der Eigenschmack von Spargel, Erbsen, Zuckerschoten und Möhren verstärkt. Außerdem schmeckt jedes Gemüse mit einem Klacks Butter verfeinert besser.
Möhren, Bohnen, Pilze, Paprika und Spinat schmecken auch mit Zwiebeln, Knoblauch und Olivenöl zubereitet.
Gemüsemischungen, zum Beispiel aus Auberginen, Zucchini, Paprika, Tomaten und Zwiebeln, werden scharf durch etwas Sambal oelek, Tabasco oder Cayennepfeffer.
Besonders gut schmeckt Gemüse auch mit in Butter gerösteten Semmelbröseln, mit Mandeln, Pinien- und Kürbiskernen oder mit Käse bestreut. Generell gilt: Jeder würzt nach seinem Geschmack.

Butterbrösel zum Gemüse

Gemüse würzen mit Gefühl und Phantasie: Wie wär's mit Pinienkernen, Parmesan, Zitrone, Mandeln oder vielen Kräutern?

Blumenkohl und Spargel mit Pfeffersauce

Für 4 Portionen:
1 Blumenkohl (ca. 700 g)
500 g grüner Spargel
Salz
20 g Butter oder Margarine
1 El grüner Pfeffer (a.d. Glas)
1/4 l Schlagsahne
1–2 El helles Saucenbindemittel
1 Eigelb
Zucker

1. Den Blumenkohl putzen, waschen und in Röschen teilen. Spargel bis zur Hälfte schälen, waschen. Kohl und Spargel in Salzwasser mit dem Fett etwa 10 Minuten kochen. Den Pfeffer hacken.

2. Das Gemüse mit der Schaumkelle aus dem Sud heben, Spargel in Stücke schneiden und zugedeckt warm stellen. 1/4 l vom Kochsud abmessen und mit der Sahne und dem gehackten Pfeffer 5 Minuten kräftig kochen lassen.

3. Das Saucenbindemittel unter Rühren in die kochende Sauce streuen und aufkochen lassen. 2 El Sauce mit dem Eigelb verquirlen und wieder in die Sauce rühren, nicht mehr kochen lassen. Die Sauce mit Salz und Zucker würzen und über das Gemüse geben.
Dazu passen panierte Schweineschnitzel.

Zubereitungszeit: 30 Minuten
Pro Portion etwa 7 g E, 26 g F, 10 g KH = 307 kcal (1283 kJ)

Gefüllte Zucchini

Für 4 Portionen:
500 g Kartoffeln
Salz
3 Zwiebeln (130 g)
1 Paket Bacon (150 g)
3 Zucchini (750 g)
200 g Crème fraîche
1 Ei
1 Beutel Kerbel
Pfeffer (a.d. Mühle)
Muskatnuß (frisch gerieben)
1/4 l Brühe (Instant)
2–3 El helles Saucenbindemittel

1. Die Kartoffeln schälen, waschen und in Salzwasser kochen. Die Zwiebeln pellen und würfeln. Den Bacon würfeln. Zucchini waschen, putzen, längs halbieren und aushöhlen. Das Innere grob hacken.

2. Bacon ausbraten und mit einer Schaumkelle aus der Pfanne nehmen. Zucchini und die Hälfte der Zwiebeln im Speckfett andünsten.

3. Die Kartoffeln abgießen, durch die Kartoffelpresse drücken und mit 50 g Crème fraîche, Ei und Zucchinimasse verrühren.

4. Eine Hälfte Kerbel von den Stielen zupfen, grob hacken und mit 3/4 der Speckwürfel zu den Kartoffeln geben, mit Salz, Pfeffer und Muskat abschmecken.

5. Die Zucchinihälften damit füllen und mit dem restlichen Bacon bestreuen. Zucchini und restliche Zwiebeln in eine flache Auflaufform legen und mit der Brühe angießen. Das Ganze im vorgeheizten Backofen bei 200 Grad (Umluft 200 Grad, 15–20 Minuten; Gas 3) auf der 2. Einschubleiste von unten 20–30 Minuten backen. Restlichen Kerbel abzupfen und grob hacken.

6. Zucchini aus der Form nehmen und warm stellen. Den Sud mit dem Schneidstab des Handrührers pürieren und mit restlicher Crème fraîche aufkochen. Das Saucenbindemittel einstreuen, noch einmal aufkochen. Mit dem restlichen Kerbel, Salz, Pfeffer und Muskat würzen.

Zubereitungszeit: 60 Minuten
Pro Portion etwa 12 g E, 42 g F, 28 g KH = 553 kcal (2318 kJ)

Gefüllte Paprika

Für 4 Portionen:
1 rote Paprikaschote (ca. 150 g)
150 g Frühlingszwiebeln
1 kleine rote Chilischote
375 g Quark (20%)
3 Eier
Salz
Pfeffer (a.d. Mühle)
Paprikapulver (edelsüß)
2 gelbe Paprikaschoten (ca. 400 g)
1/2 l Gemüsebrühe (Instant)
3 El dunkles Saucenbindemittel
1–2 El Sherry
20 g kalte Butter
1/2 Bund Basilikum

1. Die rote Paprika halbieren, entkernen, waschen und fein würfeln. Die Frühlingszwiebeln waschen, putzen und in schräge Ringe schneiden. Die Chilischote waschen, halbieren, entkernen, würfeln.

2. Den Quark mit Eiern, roter Paprika, Frühlingszwiebeln und der Hälfte der Chiliwürfel mischen. Mit Salz, Pfeffer und Paprikapulver sehr kräftig würzen.

3. Von den gelben Paprikaschoten einen Deckel abschneiden, Schoten entkernen und waschen. Mit dem Quark füllen und die Deckel wieder aufsetzen.

4. Die Paprikaschoten in eine feuerfeste Form setzen, die Brühe dazugießen. Im vorgeheizten Backofen bei 200 Grad (Umluft 175 Grad, Gas 3) auf der 2. Einschubleiste von unten ca. 50 Minuten garen.

5. Die Paprika aus der Form nehmen und warm stellen. Den Bratenfond durch ein Sieb in einen Topf gießen und aufkochen lassen. Restliche Chiliwürfel zufügen, das Saucenbindemittel und Sherry zugeben, aufkochen und die kalte Butter einrühren. Das Basilikum in Streifen schneiden und unterrühren.

Zubereitungszeit: 1 Stunde, 25 Minuten
Pro Portion etwa 20 g E, 14 g Fett, 13 g KH = 270 kcal (1129 kJ)

Zucchini-Erbsen-Gemüse mit Quark

Für 4 Portionen:
500 g Zucchini
30 g Butter oder Margarine
1 Paket Erbsen (TK, 300 g)
1/8 l Brühe (Instant)
1 Bund Frühlingszwiebeln
2 Pakete Frühlingsquark (400 g)
Salz
Pfeffer (a.d. Mühle)
einige Petersilienblätter

1. Die Zucchini waschen, putzen und in Scheiben schneiden. Zucchini im zerlassenen Fett in einem Topf andünsten.

2. Die Erbsen noch gefroren zugeben und mit der Brühe ablöschen. Das Gemüse zugedeckt bei milder Hitze dünsten.

3. Die Frühlingszwiebeln putzen, waschen, schräg in Scheiben schneiden und unterheben. Die Hälfte des Quarks un-

terrühren und das Gemüse mit Salz und Pfeffer abschmecken.

4. Das Gemüse portionsweise anrichten, den restlichen Quark darauf verteilen und mit Petersilienblättern garnieren. Dazu paßt Katenschinken.

Zubereitungszeit: 20 Minuten
Pro Portion etwa 21 g E, 8 g F, 18 g KH = 232 kcal (970 kJ)

Spargel mit Champignons und Weizen

Für 4 Portionen:
50 g Sprießkornweizen
1,5 kg weißer Spargel
1/4 l Gemüsebrühe (Instant)
1 Zwiebel
500 g Champignons
30 g Butterschmalz
20 g Butter
1 El Grünkernmehl
1/8 l Schlagsahne
Salz
2 Zitronenscheiben
Pfeffer (a.d. Mühle)
Cayennepfeffer
1 Beet Kresse
Muskatnuß (frisch gerieben)

1. Den Weizen abspülen und über Nacht in 100 ml Wasser einweichen. Am nächsten Tag den Spargel schälen und schräg in mundgerechte Stücke schneiden.

2. Den Weizen in 1/8 l Gemüsebrühe und dem Einweichwasser aufkochen, dann bei milder Hitze 40–45 Minuten kochen.

3. Die Zwiebel pellen, halbieren und in halbe Ringe schneiden. Die Champignons waschen, putzen und vierteln. Die Zwiebel in Butterschmalz andünsten. Pilze zugeben und offen garen, bis die Flüssigkeit verdampft ist.

4. Die Butter schmelzen, Grünkernmehl darin anschwitzen, restliche Brühe und Sahne unter Rühren zugießen, aufkochen und 10 Minuten leise kochen lassen. Den Spargel in Salzwasser mit Zitronenscheiben 15–20 Minuten kochen.

5. Den Weizen zu den Pilzen geben, mit Salz, Pfeffer und Cayenne würzen. Die Kresse vom Beet schneiden und unterheben.

6. Die Sauce mit Salz, Pfeffer und Muskat abschmecken. Den Spargel anrichten, die Weizenmischung darübergeben und mit der Sauce übergießen.

Zubereitungszeit: 60 Minuten (plus 1 Nacht zum Quellen des Weizens)
Pro Portion etwa 12 g E, 23 g F, 15 g KH = 318 kcal (1326 kJ)

Gefüllte Tomaten

Für 4 Portionen:
4 Fleischtomaten (à 250 g)
150 g Mettwurst
(in dicken Scheiben)
200 g Schafskäse
1 Bund Frühlingszwiebeln
1 Glas schwarze Oliven (85 g)
2 El Weißweinessig
Salz
Pfeffer (a.d. Mühle)
4 El Öl

1. Die Tomaten waschen und einen Deckel abschneiden. Tomateninneres mit einem Löffel herauskratzen und durch ein Sieb streichen.

2. Die Mettwurst und Schafs-

käse fein würfeln. Die Frühlingszwiebeln putzen, waschen und in Ringe schneiden. Die Oliven in Spalten vom Stein schneiden.

3. Das Tomateninnere mit Essig, Salz, Pfeffer und Öl verrühren. Die Wurst, Käse, Frühlingszwiebeln und Oliven mit der Sauce mischen.

4. Die Tomaten mit der Mischung füllen, die Deckel vor dem Servieren wieder dazulegen.

Zubereitungszeit: 40 Minuten
Pro Portion etwa 16 g E, 45 g F, 9 g KH = 523 kcal (2191 kJ)

Porree-Linsen-Pfanne

Für 4 Portionen:
500 g Porree
1 Dose Linsen (800 g EW)
500 g Kasseler (schier)
30 g Butterschmalz
200 g Tomaten
100 g Tomatenpüree
1/8 l Brühe (Instant)
Salz
Pfeffer (a.d. Mühle)
1 Bund glatte Petersilie

1. Den Porree putzen, waschen und in Ringe schneiden. Die Linsen in einem Sieb unter fließendem Wasser abspülen.

2. Das Kasseler würfeln und in dem heißen Butterschmalz anbraten. Porree und Linsen zu-

geben und zugedeckt 8–10 Minuten dünsten.

3. Die Tomaten einritzen, mit kochendem Wasser überbrühen, abschrecken und häuten, dann vierteln und entkernen. Die Viertel quer in Streifen schneiden.

4. Das Tomatenpüree, Brühe und Tomatenstücke in die Pfanne geben, mit Salz und Pfeffer würzen. Die Petersilie fein hacken und unterheben.

Zubereitungszeit: 30 Minuten
Pro Portion etwa 44 g E, 30 g F, 32 g KH = 603 kcal (2529 kJ)

Spargel in der Mandelkruste

Für 4 Portionen:
1 kg weißer Spargel
1 unbehandelte Zitrone
Salz
1 Tl Zucker
2 Eier
1 El Schlagsahne
70 g Mehl
Pfeffer (a.d. Mühle)
200 g gemahlene Mandeln
1/4 l Öl zum Ausbacken
30 g Butter

1. Den Spargel schälen und in mundgerechte Stücke schneiden. Die Zitrone mit heißem Wasser abspülen und in Scheiben schneiden. Reichlich Salzwasser mit Zucker und 3 Zitronenscheiben zum Kochen bringen, den Spargel darin 15–20 Minuten kochen, dann abtropfen lassen.

2. Die Eier mit Sahne verquirlen. Das Mehl mit Salz und Pfeffer mischen. Den abgekühlten Spargel nacheinander in

Mehl, Ei und Mandeln wenden, überflüssige Mandeln abklopfen.

3. Das Öl in zwei Pfannen erhitzen, die Spargelstücke darin bei milder Hitze 5–9 Minuten goldbraun backen, dann zum Abtropfen auf ein Rost geben.

4. Die Butter zerlassen. Restliche Zitronenscheiben halbieren. Die Spargelstücke damit anrichten und mit der heißen Butter übergießen.
Dazu paßt Katenschinken.

Zubereitungszeit: 55 Minuten
Pro Portion etwa 12 g E, 30 g F, 17 g KH = 396 kcal (1656 kJ)

Blattspinat mit Sojasprossen

Für 4 Portionen:
2 Pakete Blattspinat (à 300 g, TK)
2 Zwiebeln
250 g Sojasprossen
250 g Tomaten
150 g Gouda (mittelalt)
30 g Butter oder Margarine
1/8 l Weißwein
Salz
Pfeffer (a.d. Mühle)
Zucker
Muskatnuß (frisch gerieben)
100 g Crème fraîche

1. Den angetauten Spinat grob hacken. Die Zwiebeln pellen, halbieren und in halbe Ringe schneiden. Die Sojasprossen waschen und putzen. Die Tomaten waschen, achteln, entkernen. Die Spalten quer halbieren. Den Käse grob raspeln.

2. Die Zwiebeln in dem Fett glasig dünsten, den Spinat zugeben und bei milder Hitze auftauen lassen.

3. Den Weißwein zugeben und 10 Minuten zugedeckt garen. Die Sojasprossen und Tomatenstücke zugeben, mit Salz, Pfeffer, einer Prise Zucker und Muskat würzen. Crème fraîche zugeben, 5 Minuten offen kochen lassen. Mit Käse bestreut servieren.

Dazu paßt Kartoffelpüree mit Sesam bestreut.

Zubereitungszeit: 40 Minuten
Pro Portion etwa 18 g E, 26 g F, 10 g KH = 374 kcal (1568 kJ)

13. Kapitel
SALATE

Pikant: Ein Salat mit gebratener Hähnchenbrust, Ananas, Orangen, Chicoree und Currymayonnaise.
Rezept Seite 136

Zu Blattsalaten paßt eine Essig-Öl-Sauce: die klassische Vinaigrette

Hühnersalat

(Zum Foto auf Seite 135)
Für 4 Portionen:
4 Hähnchenbrustfilets (ca. 600 g)
40 g Butterschmalz
Salz, Pfeffer (a.d. Mühle)
2 Orangen
1 kleine Dose Ananasstücke
250 g Chicoree
2 Eigelb, 1 Tl Senf
1 Prise Zucker
1/4–3/8 l Öl, 1–2 El Curry
1–2 El Zitronensaft
etwas gehackte Petersilie

1. Filets im Fett braten, salzen, pfeffern, abkühlen.

2. Orangen schälen, Filets zwischen den Trennhäuten herausschneiden. Ananas abtropfen lassen.

3. Chicoree putzen, äußere Blätter beiseite legen, den Rest in Streifen schneiden. Filets in Streifen schneiden, alles auf Tellern anrichten.

4. Aus den restlichen Zutaten eine Mayonnaise herstellen (Zubereitung rechts), über den Salat geben, mit Petersilie bestreuen.

Zubereitungszeit: 40 Minuten
Pro Portion etwa 17 g E, 44 g F, 64 g KH = 748 kcal (3130 kJ)

1 So gelingt Mayonnaise

Mayonnaise ist viel einfacher und schneller selbstgemacht, als man denkt. Und natürlich schmeckt das selbstgerührte Eigelb-Öl-Gemisch besser als jede gekaufte Mayonnaise.

Das Grundrezept für 4–6 Portionen wird so gemacht: 2 Eigelb mit 1 Tl Senf, etwas Salz und 1 Prise Zucker verrühren. Von insgesamt 1/4–3/8 l Öl einige Tropfen mit dem Handrührer auf höchster Stufe unterschlagen, das restliche Öl dann in einem feinen Strahl zugießen und mit 1–2 Eßlöffeln Zitronensaft abschmecken.

Damit die Mayonnaise nicht gerinnt, müssen alle Zutaten die gleiche Temperatur haben, am besten Raumtemperatur. Gerinnt sie trotzdem, hat man das Öl zu schnell zum Eigelb gegeben. Doch auch eine mißlungene Mayonnaise kann gerettet werden: Man gibt ein frisches Eigelb in eine neue Schüssel und beginnt, die geronnene Mayonnaise unter kräftigem Schlagen zuzugeben, erst teelöffelweise (bis die Masse glatt ist), dann nach und nach in etwas größeren Portionen.

Selbstgemachte Mayonnaise hält sich im Kühlschrank eine Woche. Sie schmeckt mit einem neutralen Öl (Sonnenblumen-, Maiskeim- oder Erdnußöl) besser als mit Olivenöl, das häufig zu streng ist. Mayonnaise enthält viel Fett und strotzt vor Kalorien, pro Eßlöffel etwa 200. Man verlängert sie deshalb häufig mit Schlagsahne, Joghurt oder Quark, damit sie „schlanker“ wird.

Werden Eigelb, Senf und Öl aufgeschlagen, gibt's eine cremige Mayonnaise

Vinaigrette: Essig, Gewürze und Öl verquirlen

Blattsalate nach dem Waschen trockenschleudern

In einer Plastiktüte bleibt Salat frisch

2 Mayonnaise läßt sich gut verfeinern

Mayonnaise schmeckt pur zu Salaten, man kann sie aber auch noch verfeinern. Vier Beispiele: als **Senf-Mayonnaise** mit 2 El mittelscharfem Senf und hartgekochtem, gewürfeltem Ei zu Gemüsesalaten. Als **Remoulade** mit Zwiebeln, Kräutern, Kapern, Cornichons, grünem Pfeffer, scharfem Senf und hartgekochtem Ei zu Fleisch und Fisch. Als **Merrettichsauce** mit Sahne, Meerrettich, Apfel oder Ananas, Zitronensaft und 1 Prise Zucker zu Fleisch, Wurst, Käse, Ei. Als **Curry-Mayonnaise** mit 1–2 El Curry, Ingwer (a. d. Glas), Zitronen-, Orangensaft und Honig zu Fisch, Huhn, Ei.

3 Die klassische Salatsauce: Vinaigrette

Die **Vinaigrette** ist die bekannteste Salatsauce: Sie wird aus Essig und Öl zubereitet. Hauptsächlich nimmt man eine Vinaigrette für Blattsalate und gemischte Salate. **Das Grundrezept** reicht für 4 Portionen (oder einen Kopfsalat): 2 El Essig so lange mit Salz und Pfeffer verrühren, bis sich das Salz aufgelöst hat. Dann mit dem Schneebesen 4–6 El Öl kräftig unterschlagen. Nach Belieben noch fein gewürfelte Zwiebeln oder Knoblauch und Kräuter zugeben.

4 Blattsalat richtig zubereiten

Blattsalate müssen immer ganz **frisch** zubereitet werden. Erst kurz vor dem Servieren werden sie mit der Sauce gemischt. Salat nur kurz in stehendem Wasser waschen und trockenschleudern, niemals drücken, da er sonst braune Stellen bekommt. Den Salat in mundgerechte Stücke zupfen und nie lange stehen lassen, weil Vitamine verloren gehen. Falls nötig, den Salat in einer mit Luft aufgeblasenen Plastiktüte kurz lagern.

5 Kartoffelsalat marinieren

Kartoffelsalat schmeckt kräftiger, wenn man die gekochten Kartoffeln noch warm in eine **heiße Essig-Brühe** schneidet und die Kartoffelscheiben darin mariniert (Foto rechts). Sie nehmen das Aroma der würzigen Brühe an.
Sind die Kartoffeln für den Salat bereits kalt, übergießt man die Kartoffelscheiben nicht mit heißer, sondern mit kochender Brühe, weil das Aroma so besser eindringt. Für Kartoffelsalat, der kalt serviert wird, mariniert man die Kartoffeln am Tag vorher, damit sie richtig durchziehen.

Rezept für lauwarmen Kartoffelsalat:
1 kg Kartoffeln (möglichst fest kochende) in der Schale kochen. Für die Sauce 2 Zwiebeln pellen, sehr fein würfeln und mit 1 Prise Salz, frisch gemahlenem Pfeffer und 3–5 El Essig in einer großen Salatschüssel verrühren. Nach Belieben 1 El Worcestershiresauce und 1–2 Tl Zucker zugeben. Marinade mit 1/4 l heißer Fleischbrühe (Instant) verrühren. Dann die frisch gepellten, noch warmen Kartoffeln zugeben und vorsichtig unterheben. Den Kartoffelsalat mit Salz, Pfeffer und Essig abschmecken und bis zum Servieren warm stellen.
Lauwarmen Kartoffelsalat bindet man mit verquirltem Eigelb, etwa 3–4 Eigelb auf 1 kg Kartoffeln (Foto unten). Herzhafter schmeckt er mit Speck: Dazu den durchwachsenen Speck würfeln und in einer Pfanne auslassen. Unter Kartoffelsalat, der kalt serviert wird, gibt man 3–4 El Öl oder Mayonnaise, die nach Belieben verlängert oder verfeinert wird.
In einen Kartoffelsalat passen Tomaten, Gurken, Radieschen, Eier, Erbsen, Möhren usw. Vergessen sollte man nicht die Kräuter wie Schnittlauch oder Petersilie.
Salate aus gekochtem Gemüse, wie zum Beispiel aus grünen oder weißen Bohnen, Zuckerschoten, Spargel, Blumenkohl, Möhren oder Sellerie, sind, mit einer warmen Sauce übergossen, pikant.

Die Kartoffeln noch warm in die heiße Brühe schneiden

Warmen Kartoffelsalat kann man mit Eigelb binden

Eiersalat mit Spinat

Für 6 Portionen:
8 Eier
100 g Blattspinat
500 g Tomaten
1/2 Beutel Kerbel
1 Bund Schnittlauch
2 Becher Vollmilchjoghurt (à 150 g)
1 Glas Mayonnaise (250 g, 50%)
1 Tl Zitronensaft
1 Tl Worcestershiresauce
Salz
Pfeffer (a.d. Mühle)

1. Die Eier 10 Minuten kochen. Den Spinat putzen und waschen. Die Eier abschrecken und abkühlen lassen. Die Tomaten waschen, die Stielansätze entfernen, das Fruchtfleisch in Scheiben schneiden.

2. Den Kerbel von den Stielen

zupfen und hacken. Schnittlauch in feine Röllchen schneiden und etwas davon beiseite legen. Restlichen Schnittlauch mit Kerbel, Joghurt, Mayonnaise, Zitronensaft und Worcestershiresauce verrühren, mit Salz und Pfeffer würzen.

3. Die Eier pellen und mit dem Eierschneider in Scheiben schneiden. Den Spinat mit Eischeiben, Tomatenscheiben und der Sauce schichtweise anrichten. Mit dem restlichen Schnittlauch bestreuen.

Zubereitungszeit: 30 Minuten
Pro Portion etwa 12 g E, 30 g F, 7 g KH = 359 kcal (1503 kJ)

Erdbeersalat mit Brunnenkresse

Für 4 Portionen:
250 g Sojasprossen
1/2 Bund Brunnenkresse
500 g Erdbeeren
2 El Weißweinessig
Salz
Pfeffer (a.d. Mühle)
1 Tl brauner Zucker
5 El Öl

1. Die Sojasprossen verlesen, waschen und einmal durchbrechen. Die Brunnenkresse von den Stielen zupfen, waschen und abtropfen lassen.

2. Die Erdbeeren waschen, putzen und quer in Scheiben

schneiden. Den Essig mit Salz, Pfeffer und Zucker verrühren. Das Öl unter Rühren zugeben.

3. Die Sojasprossen, Kresse und Erdbeeren unter die Salatsauce heben und 15 Minuten ziehen lassen.

Zubereitungszeit: 40 Minuten
Pro Portion etwa 4 g E, 14 g F, 12 g KH = 191 kcal (799 kJ)

Rettich-Radieschen-Salat mit Fleischwurst

Für 4 Portionen:
1 Rettich (ca. 650 g)
1 Fleischwurst (500 g)
1 Bund Radieschen
8 El Obstessig
Salz
Pfeffer (a.d Mühle)
1 El grober, süßer Senf
5 El Öl
30 g Kürbiskerne
1 Bund Schnittlauch

1. Den Rettich waschen, schälen, längs vierteln und quer in

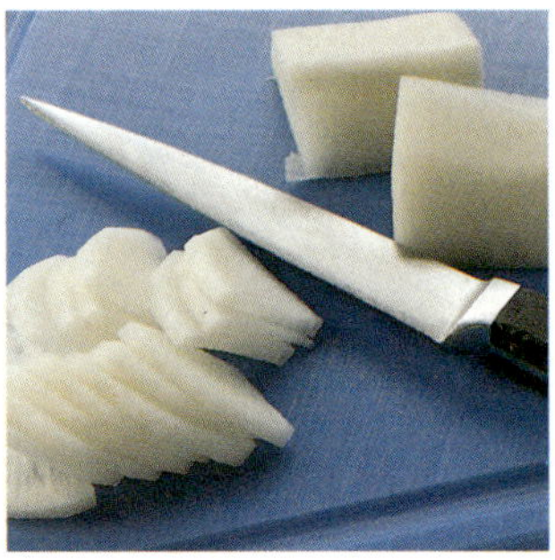

feine Scheiben schneiden. Die Wurst pellen, vierteln und in Scheiben schneiden. Die Radieschen putzen, waschen und in feine Scheiben schneiden.

2. Den Essig mit Salz, Pfeffer und Senf verrühren. Das Öl unterrühren.

3. Das Gemüse und die Wurst in der Sauce mischen. Die Kürbiskerne hacken, Schnittlauch in Röllchen schneiden, beides unter den Salat heben und mindestens 20 Minuten ziehen lassen.

Zubereitungszeit: 30 Minuten
Pro Portion etwa 21 g E, 50 g F, 3 g KH = 579 kcal (2420 kJ)

Eisbergsalat mit Buchweizen und Emmentaler

Für 4–6 Portionen:
40 g Buchweizengrütze
20 g Butter
1 Eisbergsalat (ca. 750 g)
1 Bund Frühlingszwiebeln
250 g Emmentaler
2–4 El Weißweinessig
Salz
Pfeffer (a.d. Mühle)
Zucker
6 El Öl
2 kleine rote Äpfel (400 g)

1. Den Buchweizen in der zerlassenen Butter unter Rühren

goldbraun rösten. Den Eisbergsalat putzen, achteln und den Strunk entfernen. Die drei äußeren Blätter der Salatachtel entfernen, die restlichen Blätter quer in feine Streifen schneiden.

2. Die Frühlingszwiebeln putzen, waschen und schräg in Scheiben schneiden. Den Käse entrinden und in feine Streifen schneiden.

3. Den Essig mit Salz, Pfeffer und einer Prise Zucker würzen, das Öl unterrühren.

4. Die Äpfel waschen, senkrecht rund um das Kerngehäuse herum in dünne Scheiben schneiden, die Scheiben würfeln.

5. Die Salatstreifen, Frühlingszwiebeln, Apfelwürfel und den Käse mit der Salatsauce mischen, auf den Salatblättern anrichten und mit Buchweizen bestreuen.

Zubereitungszeit: 40 Minuten
Pro Portion (bei 6 Portionen) etwa 15 g E, 26 g F, 15 g KH = 363 kcal (1519 kJ)

Steckrüben-Rohkost

Für 4–6 Portionen:
1 Paket Erbsen (TK, 300 g)
Salz
1 Steckrübe (ca. 750 g)
50 g Kürbiskerne
1 Bund glatte Petersilie
1 Bund Schnittlauch
1/8 l Schlagsahne
1/2 Glas Mayonnaise (80%, 125 g)
Pfeffer (a.d. Mühle)
Zucker
1–2 El Zitronensaft

1. Die Erbsen 3 Minuten in Salzwasser kochen , dann abgießen. Die Steckrübe schälen und dann auf der groben Seite

der Haushaltsreibe raspeln.

2. Die Kürbiskerne grob hacken, die Petersilie waschen, trockenschütteln und hacken. Den Schnittlauch in Röllchen schneiden.

3. Die Sahne halbsteif schlagen und unter die Mayonnaise heben. Die Kräuter zugeben, mit Salz, Pfeffer, einer Prise Zucker und Zitronensaft abschmecken.

4. Die Steckrüben und Erbsen mischen und mit der Sauce anrichten. Mit den Kürbiskernen bestreuen.

Zubereitungszeit: ca. 25 Minuten
Pro Portion (bei 6 Portionen) etwa 8 g E, 25 g F, 17 g KH = 330 kcal (1379 kJ)

Linsensalat

Für 4 Portionen:
250 g Linsen
Salz
1 Kopf Friséesalat
500 g Porree
200 g geräucherte Putenbrust
2 Orangen
6 El Weißweinessig
3 Tl Curry
Pfeffer (a.d. Mühle)
Zucker
4 El Öl
1 Bund Schnittlauch

1. Die Linsen in 3/4 l kochendes Salzwasser geben, 45 Minuten kochen und auf einem Sieb abtropfen lassen. In der Zwischenzeit den Salat putzen, waschen, trockenschleudern und zerpflücken.

2. Den Porree putzen, waschen, schräg in Scheiben schneiden, 3–4 Minuten in Salzwasser kochen, abgießen und abkühlen lassen. Die Putenbrust in Streifen schneiden.

3. Die Orangen schälen und

das Fruchtfleisch zwischen den Trennhäuten herausschneiden, den Saft dabei auffangen.

4. Den Essig, Curry, Orangensaft, Salz, Pfeffer und Zucker verrühren, das Öl unter Rühren zugeben.

5. Erst den Friséesalat durch die Vinaigrette ziehen, dann die Linsen mit der Vinaigrette mischen und auf den Tellern anrichten.

6. Die Orangenfilets, Putenbrust und Porree darauf anrichten. Den Schnittlauch in Röllchen schneiden und darüberstreuen.

Zubereitungszeit: 1 Stunde
Pro Portion etwa 31 g E, 13 g F, 41 g KH = 413 kcal (1698 kJ)

Kartoffelsalat mit Sauerampfer

Für 4–6 Portionen:
750 g Kartoffeln
3 Eier
100 g durchwachsener Speck
1 Bund Frühlingszwiebeln
1/4 l Gemüsebrühe (Instant)
3 El Weißweinessig
Salz
Pfeffer (a.d. Mühle)
1 Bund Sauerampfer

1. Die Kartoffeln waschen und in der Schale kochen, danach pellen und abkühlen lassen.

2. Die Eier 10 Minuten kochen und kalt abschrecken. Den

Speck würfeln und ausbraten. Die Frühlingszwiebeln putzen, waschen und in Ringe schneiden.

3. Die Brühe aufkochen, mit Weißweinessig, Salz und Pfeffer kräftig würzen, vom Herd nehmen. Kartoffeln in Scheiben schneiden und in die Brühe geben.

4. Den Sauerampfer evtl. waschen, von den Stielen zupfen und hacken. Sauerampfer, Speck und Frühlingszwiebeln unter die Kartoffelscheiben heben und den Salat mindestens 30 Minuten durchziehen lassen.

5. Die Eier pellen und mit dem Eierschneider in Scheiben schneiden. Den Kartoffelsalat evtl. nachwürzen, die Eierscheiben einschichten.

Zubereitungszeit: 40 Minuten
Pro Portion (bei 6 Portionen) etwa 8 g E, 14 g F, 17 g KH = 233 kcal (974 kJ)

Champignonsalat mit Petersiliensauce

Für 4 Portionen:
2 El Zitronensaft
Salz
Zucker
Pfeffer (a.d. Mühle)
125 ml Olivenöl
350 g Champignons
1 rote Zwiebel
1 Knoblauchzehe
1 Kopfsalat (ca. 200 g)
1 Bund glatte Petersilie
4 Zitronenspalten

1. Den Zitronensaft mit Salz, Zucker und Pfeffer verrühren. Das Öl unterrühren.

2. Die Champignons putzen, waschen und in Scheiben

schneiden. Die Zwiebel und den Knoblauch pellen, beides fein würfeln. Den Kopfsalat putzen, achteln, vorsichtig waschen und abtropfen lassen.

3. Die Petersilie waschen, trockenschütteln und hacken. Die Salatachtel durch die Sauce ziehen, abtropfen lassen und auf vier Teller verteilen.

4. Die Zwiebel- und Knoblauchwürfel, Petersilie und Champignons unter die Sauce heben. Die Pilze auf die Teller verteilen und mit Zitronenspalten garnieren.
Dazu paßt Baguette.

Zubereitungszeit: 25 Minuten
Pro Portion etwa 3 g E, 25 g F, 2 g KH = 256 kcal (1073 kJ)

Blumenkohl-Rohkost

Für 4–6 Portionen:
1 Blumenkohl (ca. 750 g)
250 g Möhren
50 g Kürbiskerne
5–6 El Zitronensaft
2 Tl Ahornsirup
Salz
Pfeffer (a.d. Mühle)
10 El Öl

1. Den Blumenkohl putzen, in Röschen teilen, waschen und abtropfen lassen. Röschen längs in feine Scheiben schneiden. Die Möhren schälen und auf der groben Seite der Haushaltsreibe raspeln. Die Kürbiskerne grob hacken.

2. Den Zitronensaft mit Ahornsirup, Salz und Pfeffer würzen und mit Öl verrühren.

3. Das Gemüse kreisförmig auf einer Platte anrichten, mit Kürbiskernen bestreuen und mit Salatsauce begießen.

Zubereitungszeit: 45 Minuten
Pro Portion (bei 6 Portionen) etwa 5 g E, 21 g F, 6 g KH = 239 kcal (1000 kJ)

14. Kapitel
EIER-VARIATIONEN

Frisch aus der Pfanne: goldgelber Pfannkuchen, gefüllt mit Beerenkompott, verfeinert mit Mandeln und einem Klecks Sahne.
Rezept Seite 148

Pfannkuchen mit Beeren-kompott

(Zum Foto von Seite 147)
Für 4 Portionen:

Für den Teig:
100 g Mehl
1 Prise Salz
1 Prise Zucker
1/4 l Milch
3 Eier
40 g Butter oder Margarine

Für die Füllung:
1/4 l roter Johannis-beersaft
1 El Speisestärke
3 El Zucker
1 Paket Beeren-Cocktail (TK, 300 g)
40 g gehackte Mandeln
1/4 l Schlagsahne
1 Paket Vanillinzucker
abgeriebene Schale von 1 unbehandelten Orange

1. Das Mehl mit Salz und Zucker in eine Schüssel geben. Erst die Milch, dann die Eier unterrühren.

2. Aus dem Teig in einer Pfanne in jeweils 10 g Fett vier Pfannkuchen nacheinander backen und warm stellen.

3. Vom Johannisbeersaft 3 El abnehmen, mit der Speisestärke und Zucker verrühren. Restlichen Saft aufkochen, Stärke einrühren, nochmals aufkochen. Die Beeren unaufgetaut zugeben, Kompott beiseite stellen.

4. Die Mandeln in einer Pfanne ohne Fett goldbraun rösten. Die Sahne mit Vanillinzucker halbsteif schlagen. Die Pfannkuchen mit dem Kompott füllen. Sahne daraufgeben, mit Orangenschale und Mandeln bestreuen.

Zubereitungszeit: 25 Minuten
Pro Portion etwa 14 g E, 36 g F, 56 g KH = 626 kcal (2621 kJ)

Rührei wird nicht in der Pfanne gerührt, die Eimasse wird vorsichtig zusammengeschoben

1 Eierpfannkuchen und Crêpes

Eierpfannkuchen und Crêpes werden aus Mehl, Eiern, Milch (oder Wasser) gebacken. Je nach Mischungsverhältnis der Grundzutaten, gibt es einen saftigen, dicken und sättigenden Eierkuchen oder einen hauchdünnen, knusprigen Crêpe.
Es gilt: Viele Eier und wenig Mehl machen den Eierkuchen locker und saftig. Er bricht leichter beim Umdrehen und läßt sich nicht gut zusammenrollen. Nimmt man weniger Eier, mehr Mehl und mehr Flüssigkeit, wie bei Crêpes, wird der Teig elastisch, läßt sich gut wenden und aufrollen.
Mehl und Milch verrührt man zuerst, damit es keine Klümpchen gibt. Dann erst die Eier unterschlagen.
Grundrezept für Eierpfannkuchen (reicht für 10–12 Pfannkuchen): 175 g Mehl verrühren mit 1 gehäuften El Speisestärke, 1/2 l Milch (oder halb Milch, halb Wasser), 4–6 Eiern und 1 Prise Salz.
Crêpes-Grundrezept (reicht für 15–18 kleine Crêpes): 200 g Mehl verrühren mit 4–5 Eiern, 2 Eigelb, 2–3 El zerlassener Butter oder Öl und so viel Milch oder Sahne (3/8–1/2 l), bis der Teig ziemlich dünnflüssig ist.
Gebacken werden Eierpfannkuchen und Crêpes bei mittlerer Temperatur in neutralem Öl, Pflanzenfett oder Butterschmalz. Man kann auch Butter zum Backen nehmen, sie verbrennt jedoch leicht. Dann muß man nach dem Backen jedes Eierkuchens die Pfanne mit Küchenpapier auswischen.
Pfannkuchen braten: Fett in einer Pfanne heiß werden lassen, mit einem Schöpflöffel den Teig hineingeben – dabei muß es zischen. Die Pfanne sofort leicht schwenken, damit sich der Teig gleichmäßig verteilt. Ist die Unterseite leicht gebräunt, der Teigrand leicht hochgebogen und die Oberseite matt und nicht mehr glänzend, wird der Pfannkuchen gewendet. Dazu läßt man den Pfannkuchen auf einen Teller gleiten, gibt bei Bedarf noch etwas Fett in die Pfanne und backt ihn auf der anderen Seite goldgelb. Crêpes dagegen lassen sich mit einer Palette einfach wenden. Für einen **Apfelpfannkuchen** gibt man den Teig in die Pfanne und legt sofort dünne Apfelscheiben darauf. Pfannkuchen bei milder Hitze backen, damit die Äpfel gar werden (Fotos unten).

Die Äpfel gibt man auf den Teig und wendet den Pfannkuchen erst, wenn er gebräunt ist

2 So schmeckt Rührei am besten

Sogar beim Zubereiten von Rührei kann man Fehler machen. Beachtet man jedoch einige Regeln, schmeckt es so, wie es sein soll, nämlich cremig-locker.

Pro Ei wird eine halbe Eierschale Wasser, Milch oder Sahne zugegeben und mit einer Prise Salz verschlagen. Eigelb und Eiweiß sollen eben gemischt sein, schlägt man es zu kräftig, wird das Rührei zäh. Nach Belieben gibt man noch frisch gemahlenen Pfeffer oder einen Spritzer Tabasco hinzu.

Rührei wird bei milder Hitze gegart, weil die Eier schon bei 70–80 Grad stocken. Zu heiß gebraten, werden sie trocken und hart.

Ein gutes Rührei gelingt so: So viel Fett, am besten Butter oder Margarine, in einer Pfanne zerlassen, bis der Boden gerade bedeckt ist. Ist das Fett heiß, aber noch nicht braun, die Eimasse hineingießen und bei milder Hitze stocken lassen. Beginnt sie fest zu werden, schiebt man den Holzlöffel (Holzspatel) vorsichtig am Pfannenboden entlang und löst das stockende Ei (Foto links oben).

Der Trick beim Rührei: Pro Ei eine halbe Eierschale Flüssigkeit zugeben

Das Rührei wird von der Herdplatte genommen und sofort serviert, wenn es cremig-fest ist, aber noch feucht glänzt.

Würziger schmeckt es mit feingehackten Kräutern (z.B. Schnittlauch). Für **Rührei mit Speck** brät man die Speckwürfel in der Pfanne bei milder Hitze aus, gibt etwas Butter oder Margarine hinzu und gießt dann die Eimasse hinein. Außerdem schmeckt es mit gedünsteten Pilzen, Tomaten und Spargelstücken oder mit geriebenem Käse, der gleich in die Eimasse gerührt wird: Pro Ei rechnet man etwa 1 Eßlöffel.

Omelettmasse in die Pfanne gießen

Das Omelett zusammenklappen

3 Omeletts werden häufig gefüllt

Ein Omelett unterscheidet sich von einem Rührei darin, daß keine Flüssigkeit zugegeben wird. Für 1 Omelett verschlägt man 2–3 Eier (je nach Größe der Eier und der Pfanne) mit etwas Salz und gießt die Masse in eine Pfanne mit schäumender Butter. Die Eimasse soll den Boden nur etwa 2–3 mm hoch bedecken, damit sie bei sehr milder Hitze gleichmäßig stockt. Für besonders lockere Omeletts: einige kleine Butterwürfel (Foto oben) in die Eimasse geben.

Nach etwa 1 Minute, wenn das Omelett leicht gebräunt ist, wird die Pfanne leicht gerüttelt und etwas vom Körper weg angehoben. Dabei schiebt es sich am Pfannenrand zusammen. Dann mit Pfannenwendern oder Gabeln die andere Seite umklappen (Foto oben) und das Omelett umgekehrt auf den angewärmten Teller gleiten lassen. Soll das Omelett gefüllt werden, einen Einschnitt auf der Oberseite machen und die **Füllung** hineingeben. Omeletts mit süßer Füllung mit Puderzucker bestäuben.

Auch ein **Bauernfrühstück** ist ein gefülltes Omelett: Für 1 Portion brät man 250 g gekochte Kartoffelscheiben mit 30 g durchwachsenem Speck und etwas Butterschmalz, Kartoffeln mit Salz und Pfeffer würzen. In einer zweiten Pfanne zerläßt man etwas Butter und gießt die Omelettmasse hinein. Dann die Kartoffeln auf eine Omeletthälfte geben, die andere Hälfte darüberklappen.

Das feinste Omelett ist das Schaumomelett. Es wird durch Eischnee besonders locker.

Das **Grundrezept für Schaumomelett** (reicht für 2–3 Portionen): 3 Eier trennen. Eiweiß sehr steif schlagen. Eigelb mit 1 Prise Salz, 1 El Zucker, Saft und abgeriebener Schale von 1/2 Zitrone (oder 1 Päckchen Vanillinzucker) verrühren. Den Eischnee vorsichtig unter die Eigelbmasse heben, um sie aufzulockern. Wichtig: Nicht zu lange rühren, sonst wird der Teig zäh.

Ein Schaumomelett wird nur von einer Seite gebacken und dann zusammengeklappt.

Richtig gelungen ist es, wenn es außen leicht gebräunt, innen aber noch schaumig-locker und leicht cremig ist.

Damit das Omelett auch innen gar wird, gibt man die Schaummasse in die Pfanne, wenn die Butter zum Backen aufschäumt. Dann schaltet man auf ganz milde Hitze und setzt einen Deckel auf die Pfanne. Das Omelett backt etwa 12–15 Minuten. Der Deckel darf nicht abgehoben werden, weil das Omelett dann zusammenfällt. Wird die Oberfläche fest, läßt man das Omelett auf einen Teller gleiten und klappt es zusammen.

Omeletts schmecken mit süßer und pikanter Füllung, zum Beispiel mit Marmelade, Apfelmus, Pilzen, Spinat oder anderen Gemüsen. Oder man bestreut sie mit Zucker und Zimt.

Das Bauernfrühstück ist ein gefülltes Omelett

Paprika-Kartoffel-Omelett

Für 4 Portionen:
500 g Kartoffeln
2 rote Paprikaschoten
1 grüne Paprikaschote
5 Zwiebeln (200 g)
150 g durchwachsener Speck
60 g Butterschmalz
Salz
Pfeffer (a.d. Mühle)
8 Eier
1 Beet Kresse

1. Die Kartoffeln waschen und in der Schale kochen. Paprika vierteln, putzen, waschen und

würfeln. Die Zwiebeln pellen und würfeln. Die ausgekühlten Kartoffeln pellen und in Scheiben schneiden.

2. Den Speck würfeln und in 20 g Butterschmalz ausbraten. Die Kartoffeln zugeben und rundherum anbraten, Paprika und Zwiebeln zugeben und 10 Minuten mitgaren, mit Salz und Pfeffer würzen.

3. Für jeweils 1 Omelett 10 g Butterschmalz schmelzen, ein Viertel der Kartoffelmischung zugeben, zwei verquirlte Eier darübergießen und bei milder Hitze stocken lassen, mit Salz und Pfeffer würzen.

4. Die Omeletts auf Teller gleiten lassen und mit Kresse bestreuen.

Zubereitungszeit: 40 Minuten
Pro Portion etwa 23 g E, 48 g F, 22 g KH = 638 kcal (2668 kJ)

Eier in Senfsauce

Für 4 Portionen:
8 Eier
220 g Senfgurken (a.d. Glas)
30 g Butter oder Margarine
20 g Mehl
2–3 El mittelscharfer Senf
1/4 l Brühe (Instant)
1/8 l Schlagsahne
Salz
Pfeffer (a.d. Mühle)
Zucker
1 Bund Schnittlauch

1. Die Eier 6–8 Minuten kochen. Die Senfgurken in einem Sieb abtropfen lassen, die Flüssigkeit dabei auffangen.

2. Das Fett schmelzen. Das Mehl zugeben und unter Rühren anschwitzen. Senf unterrühren und anschwitzen. Die

Brühe und 1/8 l Gurkenessig zugießen, unter Rühren aufkochen lassen. Die Sahne zugießen. Die Sauce 10 Minuten bei milder Hitze kochen lassen.

3. Die Eier kalt abschrecken, pellen, halbieren und zugedeckt beiseite stellen. Die Gurken würfeln, in die Sauce geben, mit Salz, Pfeffer und Zucker würzen.

4. Den Schnittlauch in Röllchen schneiden. Die Eier mit Sauce und Kartoffelpüree anrichten, mit Schnittlauch bestreuen.

Zubereitungszeit: 20 Minuten
Pro Portion etwa 16 g E, 28 g F, 8 g KH = 368 kcal (1540 kJ)

Panierter Rosenkohl mit Rührei

Für 4 Portionen:
750 g Rosenkohl
Salz
1 Tl Zucker
7 Eier
Pfeffer (a.d. Mühle)
60 g Semmelbrösel
2 El abgeriebene Zitronenschale (unbehandelt)
4 El Öl
50 g Butter oder Margarine

1. Den Rosenkohl putzen. Salzwasser mit Zucker zum Kochen bringen, Kohl darin 15 Minuten kochen lassen.

2. 1 Ei mit einer Gabel verquirlen und mit Salz und Pfeffer würzen. Semmelbrösel mit 1 El Zitronenschale mischen.

3. Den Rosenkohl auf einem Sieb abtropfen lassen. Mit dem Ei vermischen, nochmals abtropfen lassen und dann in

den Semmelbröseln wälzen.

4. Das Öl und 30 g Butter in zwei Pfannen erhitzen und den panierten Kohl darin bei mittlerer Hitze etwa 5 Minuten braten.

5. Die restlichen Eier mit etwas Wasser und Salz verquirlen. Restliches Fett erhitzen und das Rührei darin stocken lassen.

6. Den Rosenkohl mit der restlichen Zitronenschale bestreuen.

Zubereitungszeit: 50 Minuten
Pro Portion etwa 23 g E, 38 g F, 18 g KH = 526 kcal (2201 kJ)

Spinatpfannkuchen

Für 4 Portionen:
250 g Mehl
1/2 l Milch
Salz
3 Eier
1,5 kg Spinat
2 Zwiebeln
80 g Butter oder Margarine
Pfeffer (a.d. Mühle)
Muskatnuß (frisch gerieben)
500 g Tomatenpüree mit Tomatenstücken
Cayennepfeffer
250 g Gouda im Stück
Fett für die Form

1. Das Mehl, Milch, eine Prise Salz und Eier verrühren. Den Spinat putzen und gründlich waschen.

2. Die Zwiebeln pellen, würfeln und in 30 g Fett glasig dünsten. Spinat zugeben und im geschlossenen Topf zusammenfallen lassen. Dann zugedeckt 10 Minuten garen, mit Salz, Pfeffer und Muskat würzen. Spinat dann in einem Tuch leicht ausdrücken.

3. Das Tomatenpüree mit Salz und Cayenne würzen. Den Käse raspeln. Aus dem Eierkuchenteig in dem restlichen Fett nacheinander 8 Pfannkuchen backen.

4. Einen Pfannkuchen in eine feuerfeste Form legen, darauf jeweils 1/8 des Spinats, der Tomatensauce und des Käses geben. So fortfahren, bis alle Zutaten verbraucht sind (die letzte Schicht muß Käse sein).

5. Den Pfannkuchen im vorgeheizten Backofen bei 250 Grad (Umluft 250 Grad, Gas 5–6) auf der 2. Einschubleiste von unten 20 Minuten backen.

Zubereitungszeit: 40 Minuten
Pro Portion etwa 45 g E, 46 g F, 58 g KH = 845 kcal (3542 kJ)

Gemüsefrikassee in Senfsauce

Für 4 Portionen:
250 g Sellerie
500 g Möhren
250 g Porree
3/8 l Brühe (Instant)
1 Zwiebel
30 g Butter oder Margarine
2 El Mehl
6 Eier
1/8 l Schlagsahne
2 El Senf
1 El körniger Dijonsenf
Salz
Pfeffer (a.d. Mühle)
1 Prise Zucker

1. Den Sellerie und die Möhren schälen. Sellerie in feine Streifen schneiden, Möhren in Scheiben schneiden. Den Porree putzen, längs halbieren, gründlich waschen und in Ringe schneiden.

2. Das Gemüse in die kochende Brühe geben und etwa 8 Minuten darin garen. Die Zwiebel pellen, fein würfeln und im zerlassenen Fett glasig dünsten. Mehl darüberstäuben und anschwitzen.

3. Das Gemüse abgießen, die Brühe auffangen und unter Rühren nach und nach zu den Zwiebeln gießen. Etwa 10 Minuten zugedeckt bei milder Hitze kochen lassen.

4. Die Eier anstechen und 6–8 Minuten kochen lassen, kalt abschrecken. Die Sahne, Senf

und Gemüse zur Sauce geben, aufkochen und mit Salz, Pfeffer und Zucker abschmecken.

5. Die Eier pellen, halbieren und mit dem Gemüse anrichten.
Dazu paßt Kartoffelpüree.

Zubereitungszeit: 50 Minuten
Pro Portion etwa 15 g E, 26 g F, 18 g KH = 379 kcal (1590 kJ)

Crêpes Suzette

Für 4 Portionen:
6 El Mehl
1/4 l Milch
3 Eier
1/2 Tl Salz
2 El Zucker
30 g zerlassene Butter
Für die Füllung:
1 Orange
150 g weiche Butter
5 El Zucker
1/8 l Orangenlikör
2 El gemahlene Mandeln
Butter zum Ausbacken

1. Das Mehl mit der Milch zu einem glatten Teig verrühren. Die Eier, Salz, Zucker und die zerlassene Butter unterrühren.

2. Die Orange heiß abwaschen, sehr dünn schälen. Die Schale dann in sehr schmale Streifen schneiden. Butter und Zucker schaumig schlagen. Die Orangenstreifen, 6 El Orangenlikör und die Mandeln zugeben.

3. Eine Crêpepfanne ausfetten und heiß werden lassen. Aus

dem Teig 8 dünne Crêpes backen.

4. Die Crêpes mit der Füllung bestreichen und zweifach zusammmenklappen. Dann in eine feuerfeste Form schichten. Den restlichen Orangenlikör erwärmen, in eine Kelle geben und anzünden. Die Crêpes damit flambieren.

Zubereitungszeit: 40 Minuten
Pro Portion etwa 10 g E, 46 g F, 51 g KH
= 680 kcal (2842 kJ)

Tomaten-Speck-Pfannkuchen

Für 4 Portionen:
100 g Mehl
1/4 l Milch
4 Eier (Gew.–Kl. 2)
Salz
Pfeffer (a.d. Mühle)
400 g Champignons
1 Bund Frühlingszwiebeln
250 g durchwachsener Speck
5 El Öl
750 g Tomaten

1. Das Mehl mit Milch verrüh-

ren. Dann die Eier zugeben, mit Salz und Pfeffer würzen.

2. Die Champignons putzen, waschen und vierteln. Die Frühlingszwiebeln putzen, waschen und dann in Ringe schneiden.

3. Den Speck in Streifen schneiden, 150 g davon in 1 El Öl ausbraten. Die Champignons zugeben und braun braten. Zwiebeln zugeben und 3 Minuten glasig dünsten.

4. Die Tomaten waschen, die Stielansätze entfernen, die Tomaten sechsteln, zu den Pilzen geben und kurz erhitzen, mit Salz und Pfeffer würzen.

5. Aus dem Teig in jeweils 1 El Öl und 25 g Speck 4 Pfannkuchen braten. Jeden Pfannkuchen mit 1/4 der Füllung belegen und einmal überklappen.

Zubereitungszeit: 1 Stunde
Pro Portion etwa 22 g E, 62 g F, 28 g KH = 792 kcal (3312 kJ)

15. Kapitel
GEBRATENE KARTOFFELN

Kartoffelkrusteln aus rohen Kartoffeln mit Crème fraîche und Schinkenstreifen schmecken als Vorspeise oder als Beilage zu Gemüsegerichten.
Rezept Seite 158

GEBRATENE KARTOFFELN

Kartoffelkrusteln mit Schinkenstreifen

(Zum Foto von Seite 157)
Für 6 Portionen:
1 kg Kartoffeln
Butterschmalz zum Braten
Salz
100 g roher Schinken
6 El Crème fraîche
Pfeffer (a.d. Mühle)

1. Die Kartoffeln schälen und waschen. Auf der Gemüsereibe oder in der Küchenmaschine in grobe Streifen raspeln.

2. Fett in einer Pfanne erhitzen. Die Kartoffelstreifen eßlöffelweise hineingeben und flachdrücken. Bei mittlerer Hitze von beiden Seiten nacheinander braun braten. Aus der Pfanne nehmen und auf Küchenpapier abtropfen lassen, dann mit Salz bestreuen.

3. Inzwischen Schinken in Streifen schneiden. Je drei Krusteln auf einen Teller legen. In die Mitte 1 El Crème fraîche geben, Schinkenstreifen daraufgeben und mit Pfeffer bestreuen.

Zubereitungszeit: 40 Minuten
Pro Portion etwa 6 g E, 22 g F, 21 g KH = 311 kcal (1305 kJ)

1 Kartoffelkrusteln – eine feine Beilage

Kartoffelkrusteln (Rezept oben) sind raffiniert und einfach zugleich: **Die geraspelten Kartoffeln werden nur in heißem Fett goldbraun gebraten**. Dafür gibt man etwa 1 Eßlöffel Kartoffeln in die Pfanne und drückt sie soweit auseinander, daß fast ein Spitzenmuster entsteht (Foto rechts). Man brät sie bei mittlerer Hitze erst von einer Seite goldgelb und wendet sie dann vorsichtig.

Bereitet man größere Portionen zu, hält man die gebratenen Krusteln im auf 100 Grad vorgeheizten Backofen warm. Dabei die Krusteln nicht übereinanderlegen und erst kurz vor dem Servieren salzen, sonst werden sie schnell wieder weich.

Kartoffelkrusteln schmecken als Beilage zu Gemüsegerichten oder als Vorspeise mit Crème fraîche und Schinken- oder Lachsstreifen.

Bratkartoffeln müssen goldbraun, knusprig und heiß serviert werden — am besten mit Speck und Zwiebeln gebraten

2 So gelingen Bratkartoffeln

Bratkartoffeln müssen kroß gebraten und goldgelb sein. Doch häufig schmecken sie fettig, verbrannt oder sind zu blaß.

Bratkartoffeln gelingen nur mit einer **geeigneten Kartoffelsorte**: Sie muß fest kochend sein, damit sie beim Braten nicht zerfällt, das sind zum Beispiel Sieglinde und Hansa. Man kocht sie möglichst am Vortag in der Schale.

Ebenso wichtig ist die Pfanne: **In einer schweren, gußeisernen Pfanne mit glattem Boden werden Bratkartoffeln am besten braun.** Wichtig: Die Kartoffeln dürfen nur in einer Schicht in die Pfanne gegeben werden. Der häufigste Fehler: Die Pfanne wird zu voll gefüllt, und die Kartoffeln können nicht gleichmäßig bräunen. Statt dessen werden sie matschig und saugen zuviel Fett auf. Deshalb brät man größere Portionen besser in zwei Pfannen.

Verbrennen die Kartoffeln, liegt es an zu großer Hitze und am falschen Fett: **Kartoffeln brät man bei mittlerer Hitze in Butterschmalz, Öl oder Schweineschmalz**. Butter und Margarine sind nicht geeignet. Sie sind nicht so hoch erhitzbar und verbrennen schnell.

Und so brät man Kartoffeln: Die gekochten und gepellten Kartoffeln in nicht zu dünne Scheiben schneiden. Fett in der Pfanne heiß werden lassen, dann die Kartoffeln hineingeben, leicht salzen und mindestens 5 Minuten bei mittlerer Hitze braten, ohne zu wenden. Sind die Kartoffeln von der Unterseite braun, mit einem Pfannenwender vorsichtig umdrehen und von der anderen Seite weiterbraten.

Zwiebeln, fein geschnitten, gibt man erst kurz vor Bratende dazu, weil sie sonst verbrennen (Foto unten).

Während der Hälfte der Brat-

Kartoffelkrusteln mit einer Palette wenden

Zwiebeln zuletzt zugeben

zeit die Kartoffeln zugedeckt bräunen, dann den Deckel abnehmen, damit die Kartoffeln knusprig werden.
Für **Bratkartoffeln mit Speck** brät man die Speckwürfel in wenig Fett glasig und gibt die Kartoffeln in die Pfanne.

3 Röstkartoffeln mit knuspriger Kruste

Für Röstkartoffeln nimmt man kleine, möglichst fest kochende Kartoffeln. **Sie werden vorher in der Schale gekocht, warm gepellt und anschließend rundherum in heißem Butterschmalz oder Öl bei mittlerer Hitze geröstet.** Wichtig: Die Kartoffeln dürfen in der Pfanne nur in einer Schicht nebeneinanderliegen, niemals übereinander. Sie werden nicht mit einem Holzspatel gewendet: Man schüttelt die Pfanne immer wieder hin und her, so daß die Kartoffeln rundherum gleichmäßig bräunen. Größere Mengen brät man in zwei Pfannen. Röstkartoffeln sind nicht so deftig wie Bratkartoffeln und schmecken zu Gemüse und Kurzgebratenem.
Typisch norddeutsch sind süße Kartoffeln, die am liebsten zu Grünkohlgerichten und Enten- oder Schweinebraten mit Rotkohl gereicht werden.

Röstkartoffeln rundherum bräunen

Für **süße Kartoffeln** brät man die gekochten, gepellten Kartoffeln goldbraun und bestreut sie dann mit Zucker, der zu karamelisieren beginnt und die Kartoffeln mit einer süßen Kruste umhüllt. Zum Karamelisieren reichen 2–3 El Zucker für 500 g Kartoffeln. Dabei die Kartoffeln ständig rühren. Die süßen Kartoffeln schmecken auch, wenn man während des Karamelisierens 2–3 El Semmelbrösel mitröstet.

Für Rösti gekochte Kartoffeln raspeln

Herzhaft: tellergroßer Rösti mit Spiegelei

4 Aus der Schweiz: Rösti

Rösti sind eine Schweizer Spezialität, die klassische Beilage zu Zürcher Geschnetzeltem. Sie werden aus fest kochenden Kartoffeln bereitet, die man am Vortag in der Schale kocht. Kurz vor dem Braten werden sie auf der Gemüsereibe grob geraspelt und mit Salz bestreut. Dann Butterschmalz, Öl oder Pflanzenfett in der Pfanne gut erhitzen, die Kartoffelmasse hineingeben und mit einem Pfannenwender flach-, aber nicht zu fest drücken. Damit die Rösti schön saftig bleiben, tröpfchenweise mit Milch oder Sahne beträufeln. Rösti werden bei ganz milder Hitze mit Deckel so lange gebraten, bis sie unten eine schöne braune Kruste haben, das dauert etwa 15–20 Minuten. Dann die Rösti auf den Deckel oder einen Teller gleiten lassen, etwas Fett in die Pfanne geben und die Rösti von der anderen Seite braten, dabei die Temperatur etwas höher schalten.
Rösti verfeinert man, je nach Belieben, mit fein geschnittenen Zwiebeln, gewürfeltem Speck, Schinken, Kümmel, Kräutern oder mit grob geraspeltem Käse wie Raclette oder Appenzeller.
Sie schmecken mit Spiegelei, gedünstetem Gemüse oder mit frischem Salat.

5 Provenzalische Kartoffeln

Für diese pikanten Kartoffeln nimmt man junge, möglichst gleich große Kartoffeln. **Sie werden mit Schale gebraten,** die man vorher gründlich wäscht. In einer Mischung aus Butter und Öl werden sie in der geschlossen Pfanne bei milder Hitze gegart. Dann die Kartoffeln mit Salz und Pfeffer würzen. Etwas Knoblauchbutter und Kräuter (Rosmarin, Basilikum, Petersilie) zugeben und kurz mitbraten.
Je kleiner die Kartoffeln, desto schneller sind sie gar, große Kartoffeln halbiert oder viertelt man vor dem Braten.

6 Sparen Fett: roh gebratene Kartoffeln

Roh gebratene Kartoffeln nehmen weniger Fett beim Braten auf als Bratkartoffeln aus vorgekochten Kartoffeln. Man schält die Kartoffeln und schneidet sie am besten in etwa 1 Zentimeter große Würfel. Natürlich kann man sie auch in größeren Würfeln braten, dann dauert es jedoch länger.
Zum Braten Butterschmalz oder Öl in der Pfanne erhitzen, Kartoffeln hineingeben und zugedeckt bei mittlerer Hitze so lange braten, bis die Unterseite gebräunt ist. Nur soviel Kartoffeln braten, daß jedes Kartoffelstück den Pfannenboden berührt, damit sie gleichmäßig bräunen. Dann die Kartoffeln wenden. Sind sie fast gar, den Deckel abnehmen und offen weiterbraten. So werden sie knusprig. Man bestreut sie erst kurz vor dem Servieren mit Salz, sie würden sonst matschig werden. Roh gebratene Kartoffeln schmecken gewürzt mit Kräutern (Rosmarin, Thymian) oder mit Kümmel.
Wer gerne Knoblauch mag, brät von Beginn an ganze, ungeschälte Knoblauchzehen mit. Auch bei rohen gebratenen Kartoffeln gilt: größere Portionen in zwei Pfannen braten. Zum Warmhalten gibt man die Kartoffeln auf ein mit Butter ausgefettetes Backblech und hält sie bei 150 Grad (Umluft 150 Grad, Gas 1) im vorgeheizten Ofen heiß.
Pommes frites sind zwar keine gebratenen, sondern in Fett ausgebackene Kartoffeln – sie werden aber auch aus rohen Kartoffeln zubereitet. Für Pommes frites Kartoffeln schälen, erst in knapp 1 Zentimeter dicke Scheiben, dann in 1 Zentimeter dicke Stifte schneiden. Stäbchen gut mit einem Küchentuch oder Küchenpapier trockentupfen. Öl in einem Topf oder einer Friteuse erhitzen.

Rohe Kartoffeln zugedeckt braten

Die Pommes frites portionsweise in das sehr heiße Fett geben und in etwa 4 Minuten goldbraun backen. Pommes frites abtropfen lassen, dann nochmals für 1–2 Minuten in das heiße Fett geben und abtropfen lassen. Pommes frites salzen und natürlich mit Ketchup und Mayonnaise servieren.

BRATKARTOFFELN

Bratkartoffeln mit Champignons

Für 2 Portionen:
30 g Buchweizen
2 Zwiebeln (75 g)
500 g Kartoffeln (fest kochend)
4 El Öl
200 g Champignons
150 g Zucchini
Salz
Pfeffer (a.d. Mühle)
20 g Butter oder Margarine
2 Eier

1. Den Buchweizen in einer Pfanne ohne Fett goldbraun rösten. Die Zwiebeln pellen und würfeln.

2. Die Kartoffeln schälen, waschen, in Scheiben schneiden und im Öl goldbraun braten. Die Zwiebeln zugeben und 10 Minuten unter Wenden bei mittlerer Hitze braten.

3. Die Champignons waschen, putzen, in Scheiben

schneiden, zu den Kartoffeln geben und 10 Minuten mitbraten.

4. Die Zucchini waschen, putzen, würfeln, dazugeben und weitere 3 Minuten braten, mit Salz und Pfeffer würzen.

5. In einer zweiten Pfanne im heißen Fett die Eier braten, mit Buchweizen bestreuen und mit den Kartoffeln servieren.

Zubereitungszeit: 50 Minuten
Pro Portion etwa 8 g E, 40 g F, 52 g KH = 645 kcal (2699 kJ)

Kartoffel-Rosenkohl-Pfanne

Für 4 Portionen:
750 g Rosenkohl
Salz
500 g Kartoffeln
1 Paket Fleischklößchen (TK, 300 g)
3 El Öl
3/8 l Brühe (Instant)
200 g Crème fraîche
2 El Senf
2–3 El helles Saucenbindemittel
Pfeffer (a.d. Mühle)
1–2 Tl Zucker
1 Bund Schnittlauch

1. Den Rosenkohl putzen und in kochendem Salzwasser 3 Minuten blanchieren.

2. Die Kartoffeln schälen, waschen und würfeln. Den Rosenkohl in einem Sieb abtropfen lassen.

3. Die Fleischklöße unaufgetaut in das heiße Öl geben und rundherum anbraten. Die Kartoffeln zugeben und anbraten.

4. Den Rosenkohl und die

Brühe zugeben und 15 Minuten garen lassen. Kohl, Kartoffeln und Klöße aus der Pfanne nehmen und warm stellen.

5. Crème fraîche zum Sud geben und aufkochen lassen. Den Senf und das Saucenbindemittel unterrühren und nochmals aufkochen lassen, mit Salz, Pfeffer und Zucker würzen. Schnittlauch in Röllchen schneiden und zur Sauce geben, zur Kartoffel-Rosenkohl-Pfanne servieren.

Zubereitungszeit: 50 Minuten
Pro Portion etwa 21 g E, 36 g F, 32 g KH = 537 kcal (2257 kJ)

Zucchini-Kartoffel-Puffer

Für 2 Portionen:
3 Tomaten (200 g)
1 Becher Magermilchjoghurt (150 g)
2 El Tomatenmark
Salz
Pfeffer (a.d. Mühle)
200 g Zucchini
175 g Kartoffeln
1 Ei
3 El Öl
1 Bund glatte Petersilie

1. Die Tomaten waschen, die Stielansätze entfernen, Tomaten vierteln, vier Viertel beiseite legen. Restliche Tomaten entkernen und würfeln.

2. Den Joghurt mit Tomatenmark und -würfeln verrühren, salzen, pfeffern und kalt stellen.

3. Die Zucchini waschen, putzen und auf der groben Seite

der Haushaltsreibe raspeln. Die Kartoffeln schälen, waschen und raspeln. Die Kartoffelmasse im Geschirrhandtuch leicht ausdrücken.

4. Das Ei verquirlen, Zucchini und Kartoffeln unterheben und mit Salz und Pfeffer abschmecken.

5. Das Öl in einer Pfanne erhitzen und darin 6 Puffer (in zwei Portionen) von jeder Seite 3–4 Minuten goldbraun braten.

6. Die Puffer auf Küchenpapier abtropfen lassen. Die Petersilie von den Stielen zupfen. Die Puffer mit Sauce, Tomatenvierteln und Petersilie anrichten.

Zubereitungszeit: 50 Minuten
Pro Portion etwa 12 g E, 17 g F, 21 g KH = 293 kcal (1228 kJ)

Rosmarin-Thymian-Kartoffeln

Für 4 Portionen:
1 kg Kartoffeln
1 Paket Bacon (150 g)
2 Zwiebeln (100 g)
4 El Öl
4 kleine Rosmarinzweige
1/2 Bund Thymian
Salz
Pfeffer (a.d. Mühle)

1. Die Kartoffeln waschen, abbürsten und in der Schale knapp gar kochen.

2. Den Bacon würfeln, die Zwiebeln pellen und würfeln.

3. Die Kartoffeln abgießen und etwas abkühlen lassen, je nach Größe längs vierteln oder sechsteln.

4. Die Speckwürfel im Öl anbraten, die Kartoffeln zugeben und bei mittlerer Hitze 5 Minuten braten.

5. Von drei Rosmarinzweigen und vom Thymian die Blättchen abzupfen und hacken. Die Kräuter und Zwiebeln nacheinander zu den Kartoffeln geben und noch 10–15 Minuten braten, mit Salz und Pfeffer würzen.

6. Die Kartoffeln mit dem restlichen Rosmarin anrichten. Dazu passen mit Kräutern bestreute Tomaten, Sülze und Roastbeef mit Remouladensauce.

Zubereitungszeit: 50 Minuten
Pro Portion etwa 8 g E, 35 g F, 32 g KH = 487 kcal (2038 kJ)

Kartoffel-Apfel-Puffer

Für 4 Portionen:
30 g gehobelte Haselnüsse
350 g Kartoffeln
1 Apfel
3 Zwiebeln
2 Eier
2 El Mehl
Salz
Pfeffer (a.d. Mühle)
6–8 El Öl
200 g Schmand
1 El Zitronensaft
1 El Zucker

1. Die Haselnüsse in einer Pfanne ohne Fett rösten. Die Kartoffeln schälen und waschen. Den Apfel waschen, vierteln, das Kerngehäuse entfernen. Die Zwiebeln pellen. Kartoffeln, Apfel und Zwiebeln

auf der Haushaltsreibe raspeln. Die Eier und das Mehl unterrühren. Den Teig salzen und kräftig pfeffern.

2. Die Hälfte des Öls in einer Pfanne erhitzen. Mit zwei Gabeln kleine Puffer in die Pfanne setzen und flachdrücken. Puffer von jeder Seite etwa 2 Minuten braten, bis sie goldbraun sind. In dem restlichen Öl den restlichen Teig braten, Puffer warm stellen.

3. Den Schmand mit Zitronensaft und Zucker verrühren. Die heißen Puffer mit Schmand und Haselnüssen servieren.

Zubereitungszeit: 50 Minuten
Pro Portion etwa 8 g E, 32 g F, 29 g KH = 448 kcal (1875 kJ)

16. Kapitel

RISOTTO

Saftig und sonnengelb: Safranrisotto mit Sahne, Riesengarnelen und Frühlingszwiebeln. Rezept Seite 166

Risi e bisi ist ein klassischer Risotto mit Erbsen und Parmesan

Safranrisotto

(Zum Foto von Seite 165)
Für 4 Portionen:
250 g Avorioreis
1 Knoblauchzehe
40 g Butter oder Margarine
3/8 l Brühe (Instant)
200 ml Schlagsahne
1 Tütchen Safran (1,25 g)
1 Bund Frühlingszwiebeln
8 geputzte Riesengarnelen
Salz, Cayennepfeffer

1. Reis mit der zerdrückten Knoblauchzehe im Fett andünsten.

2. Brühe und Sahne zugießen. Den Reis bei mittlerer Hitze 15 Minuten auf kleiner Stufe quellen lassen. Safran unterrühren.

3. Frühlingszwiebeln putzen, waschen und in Stücke schneiden. Mit Garnelen zum Risotto geben und 5 Minuten mitgaren, mit Salz und Cayennepfeffer abschmecken.

Zubereitungszeit: 25 Minuten
Pro Portion etwa 29 g E, 27 g F, 52 g KH = 584 kcal (2444 kJ)

1 Geschmorter Reis in vielen Variationen

Den Risotto, geschmorten Reis, haben die Italiener erfunden. Sie essen ihn oft ohne weitere Beilage vor dem Hauptgericht oder als Hauptgericht.

Beim Risotto wird der Reis in Fett mit Zwiebel- oder Knoblauchwürfeln glasig gedünstet, was ihn besonders aromatisch macht. Und nach dem Quellen werden Butter und geriebener Käse untergehoben. Der klassische Risotto (siehe Zubereitung unter Punkt 3) paßt zu gebratenem Hühnchen, Leber und Nieren, gegrilltem Lammfleisch und zu Osso buco, der geschmorten Kalbshaxe.

Risotto läßt sich mit unendlich unterschiedlichen Zutaten zubereiten. Vorab einige Varianten, die Appetit machen:

Risi e bisi (Foto oben) ist ein klassischer Risotto (wie unter Punkt 3 beschrieben), den man mit Hühnerbrühe aufgießt und zu dem man 5 Minuten vor Garende etwa 150 g Tiefkühlerbsen gibt. Nach Belieben mit 200 g gekochten Schinkenwürfeln verfeinern.

Für **Tomatenrisotto** dünstet man den Reis mit etwas kleingewürfeltem Schinkenspeck an, ehe man 2 bis 3 gewürfelte Zwiebeln und 1 zerdrückte Knoblauchzehe zufügt. Auf den glasig gedünsteten Reis 1/2 l Tomatensaft gießen, aufkochen und mit etwas Rindfleischbrühe (Instant), Pfeffer und 1–2 Tl Ketchup würzen. Tomatenrisotto paßt zu gebratenem oder gedünstetem Fisch und zu Kurzgebratenem.

Pilzrisotto wird meistens mit getrockneten Pilzen wie Morcheln oder Steinpilzen bereitet, weil sie ein stärkeres Aroma haben als frische.

Die getrockneten Pilze (etwa 25 g) kalt abbrausen und mindestens 1/2 Stunde in einem 1/2 l warmem Wasser einweichen. Pilze abtropfen lassen, dabei das Einweichwasser auffangen und mit etwas Fleischbrühe (Instant) erhitzen. Die Pilze zusammen mit gehackten Zwiebeln im Fett andünsten. Den Reis mit dem Pilzwasser aufgießen und mit Pfeffer abschmecken. Pilzrisotto paßt zu gebratenem Geflügel, Schweine- und Kalbsmedaillons.

Für einen **Gemüserisotto** dünstet man ein Bund feingewürfeltes Suppengrün und 1

Gemüse für den Risotto dünsten

rote gewürfelte Paprikaschote etwa 10 Minuten in Fett an. Parallel dazu bereitet man den Risotto und mischt das Gemüse kurz vor Garende unter den Reis. Oder: Man gibt das Gemüse 10 Minuten vor Garende in den Risotto. Dazu passen Salat und Spiegelei.

2 Auf den Reis kommt es an

Für einen Risotto eignet sich am besten **Avorioreis oder Langkornreis**. Die Italiener nehmen für ihre Reisspezialität Avorioreis, der in der Po-Ebene angebaut wird. Er ist eine Art Rundkornreis mit ovalen, an den Enden abgerundeten Körnern. Der Vorteil: Der fertige Risotto wirkt nach dem Garen leicht gebunden, da der Reis etwas Stärke abgibt, trotzdem hat er noch etwas Biß.
In den meisten Supermärkten und Lebensmittelgeschäften ist Avorioreis erhältlich. Bekommt man ihn dennoch nicht, schmeckt Risotto auch mit Langkornreis.
Der gesündeste Reis ist der **Naturreis,** der ungeschälte, braune Reis mit dem leicht nussigen Geschmack. In ihm sind noch alle Vitamine und Mineralstoffe enthalten. Da die ballaststoffreiche Randschicht nicht so schnell quillt und mehr Flüssigkeit bindet als geschälter, weißer Reis, gibt man etwas mehr Flüssigkeit hinzu und gart ihn etwa 10 Minuten länger.
Wer sich von der braunen Farbe abschrecken läßt, wählt für seinen Risotto einen **parboiled Reis.** Durch ein spezielles Verfahren wird ein Teil der äußeren Randschichten, die am vitamin- und mineralstoffreichsten sind, in das Korninnere gepreßt. Dadurch ist parboiled Reis besonders kochfest.
Milchreis und vorgegarter Reis aus dem Kochbeutel sind nicht geeignet, da sie beim Kochen leicht breiig werden.

Avorioreis

Langkornreis

3 Risotto: klassisch zubereitet

Ein Risotto ist ganz einfach gemacht und schmeckt besser als nur in Salzwasser gekochter Reis, der mit Gemüse, Kräutern oder Fleisch gemischt wird.
Das Grundrezept: 1 Zwiebel pellen und würfeln. 2–3 El Butter (Margarine oder Öl) in einem breiten, flachen Topf erhitzen. Die Zwiebelwürfel darin glasig dünsten (Foto 1). Dann 250 g Avorioreis (Langkornreis) zugeben und bei mittlerer Hitze unter ständigem Rühren so lange dünsten, bis alle Reiskörner glasig sind (Foto 2), das dauert etwa 2 Minuten. Darauf achten, daß sich nicht einige Reiskörner oder gewürfelte Zwiebeln am Boden festsetzen und braun werden.
Dann 1/2 l kochendheiße Brühe, Fleisch- oder Hühnerbrühe, nach und nach zugießen (Foto 3). Den Reis zwischendurch immer wieder vorsichtig umrühren und die nächste Portion Brühe erst zugeben, wenn der Reis dicklich wird. Den Reis auf kleiner Stufe etwa 15 bis 20 Minuten unter gelegentlichem Rühren quellen lassen.
Der fertige Risotto glänzt feucht und jedes Korn muß noch etwas Biß haben.
Vor dem Servieren etwa 40 g Butterflöckchen und 50 g frisch geriebenen Parmesan unterziehen (Foto 4).
Das Grundrezept reicht für 4 Personen als Beilage oder Vorspeise und für 2 bis 3 Portionen als Hauptgericht.
Der Risotto schmeckt feiner, wenn man den glasigen Reis mit einem guten Schuß trockenem Weißwein ablöscht und dann mit entsprechend weniger Brühe weitergart. Risotto wird meistens mit Parmesan gewürzt. Dazu möglichst frischgeriebenen nehmen, er schmeckt einfach besser als in Plastikfolie verpackter. Junge Käse, wie Gouda, Butterkäse oder Edamer, würden im Risotto Fäden ziehen.
Das Verhältnis von Reis zu Wasser beträgt beim Risotto mit parboiled Reis zubereitet 1 : 2 bis 2 1/2, mit Naturreis 1 : 2 1/2. Wildreis muß vor dem Kochen eingeweicht werden. Er braucht zum Quellen Wasser im Verhältnis 1:3.

1. Zwiebeln in Fett andünsten

2. Reis zugeben und glasig dünsten

3. Heiße Brühe zum Reis gießen

4. Parmesan frisch in den Risotto reiben

Pilzrisotto

Für 2 Portionen:
400 g Champignons
100 g Langkornreis
1/4 l Brühe (Instant)
75 g gekochter Schinken
20 g Butter oder Margarine
Salz
Pfeffer (a.d. Mühle)
Muskatnuß (frisch gerieben)
1/2 Bund glatte Petersilie
10 g Parmesan (gerieben)

1. Die Champignons waschen, putzen und, je nach Größe, halbieren oder vierteln. Den Reis in der kochenden Brühe 10–15 Minuten garen.

2. Den Schinken in Streifen schneiden. Die Champignons im heißen Fett so lange braten, bis die Flüssigkeit verdampft ist.

3. Den Reis mit dem Schinken

unter die Pilze mischen und mit Salz, Pfeffer und Muskat würzen. Die Petersilie von den Stielen zupfen und über den Risotto streuen.

4. Den Risotto auf zwei Tellern anrichten und mit Parmesan bestreuen.

Zubereitungszeit: 30 Minuten
Pro Portion etwa 19 g E, 15 g F, 45 g KH = 416 kcal (1741 kJ)

Apfel-Curry-Risotto

Für 4 Portionen:
2 Zwiebeln
20 g Butter oder Margarine
250 g Avorio-Reis
2 El Curry
1/2 l Brühe (Instant)
500 g Äpfel
2 El Zitronensaft
100 ml Orangensaft
1/8 l Schlagsahne
etwas Kerbel

1. Die Zwiebeln halbieren, in feine Streifen schneiden und im zerlassenen Fett glasig dünsten.

2. Den Reis dazugeben, und kurz mitdünsten. Mit Curry bestäuben und nochmals andünsten. Die Brühe zugießen und zugedeckt bei milder Hitze ca. 15 Minuten ausquellen lassen.

3. Inzwischen die Äpfel waschen, halbieren und die Kerngehäuse entfernen. Die Apfelhälften in Stifte schneiden. Die Stifte mit Zitronen- und Orangensaft vermengen.

4. Die Äpfel mit dem Saft und der Sahne zum Reis geben und weitere 5–6 Minuten garen und mit Kerbel garnieren.

Zubereitungszeit: 30 Minuten
Pro Portion etwa 6 g E, 16 g F, 69 g KH = 446 kcal (1865 kJ)

Chicoree-Risotto

Für 4 Portionen:
2 Zwiebeln
30 g Butter oder Margarine
250 g Risotto-Reis
1/2 l Brühe (Instant)
3–4 El Schlagsahne
120 g Gouda (mittelalt)
300 g Chicoree
200 g gekochter Schinken
1 Bund Schnittlauch
Pfeffer (a.d. Mühle)
Salz

1. Die Zwiebeln fein würfeln und im Fett andünsten. Den Reis unterrühren, mit der Brühe und der Sahne auffüllen und zugedeckt bei milder Hitze 15–20 Minuten ausquellen lassen. Den Risotto gelegentlich umrühren.

2. Inzwischen den Käse raspeln, den Chicoree putzen, halbieren, den bitteren Strunk herausschneiden und den Chicoree in Streifen schneiden. Den Schinken würfeln, den Schnittlauch in Röllchen schneiden.

3. Den Käse und den Chicoree nach 10–15 Minuten unter den Reis rühren, mit Pfeffer und Salz würzen.

4. Den Schinken und den Schnittlauch über den fertigen Risotto streuen.

Zubereitungszeit: 25 Minuten
Pro Portion etwa 25 g E, 25 g F, 52 g KH = 540 kcal (2286 kJ)

Kräuterrisotto mit Pilzen

Für 4–6 Portionen:
200 g Zwiebeln
30 g Butter oder Margarine
250 g Langkornreis
1/2 l Brühe (Instant)
500 g Champignons
2 El Öl
1 Bund glatte Petersilie
1 Bund Dill
1 Bund Schnittlauch
Salz
Pfeffer (a.d. Mühle)
30 g Parmesan (im Stück)

1. Die Zwiebeln fein würfeln und im Fett glasig dünsten.

Den Reis zugeben und andünsten.

2. Die Brühe zugießen und den Reis in 15–20 Minuten ausquellen lassen.

3. Inzwischen die Champignons putzen, waschen und im heißen Öl so lange braten, bis die Flüssigkeit verdampft ist.

4. Die Kräuter, wenn nötig, waschen. Petersilie und Dill von den Stielen zupfen und grob hacken. Den Schnittlauch in Röllchen schneiden.

5. Die Champignons und die Kräuter unter den Reis heben, mit Salz und Pfeffer würzen. Den Käse raffeln und darüberstreuen.
Dazu passen Lammkoteletts.

Zubereitungszeit: 50 Minuten
Pro Portion (bei 6 Portionen) etwa 8 g E, 10 g F, 34 g KH = 270 kcal (1129 kJ)

Nasi Goreng

Für 4–6 Portionen:
3 Zwiebeln
1–2 Knoblauchzehen
300 g Langkornreis
5 El Öl
700 ml Hühnerbrühe (Instant)
300 g Hähnchenbrustfilet
Salz
Pfeffer (a.d. Mühle)
3 Frühlingszwiebeln
1–2 Msp. Sambal oelek
2–3 El Sojasauce
200 g gekochter Schinken
150 g Shrimps
2 Eier

1. Die Zwiebeln und den Knoblauch pellen und in Würfel schneiden. Den Reis in einer großen Pfanne in 3 El Öl andünsten. Zwiebeln und Knoblauch zugeben und mit andünsten. Dann die Hühnerbrühe zugießen und den Reis 15–20 Minuten quellen lassen.

2. Inzwischen Hähnchenbrustfilets mit Salz und Pfeffer würzen und in 1 El Öl von jeder Seite 5–6 Minuten braten. Die Frühlingszwiebeln putzen, waschen und in längliche Streifen schneiden. Das gebratene Fleisch in Streifen schneiden.

3. Den Reis mit Sambal oelek und Sojasauce würzen. Den Schinken in Streifen schneiden und unter den Reis ziehen. Die Hähnchenstreifen und die

Shrimps ebenfalls unter den Reis ziehen.

4. Die Eier mit dem Schneebesen verquirlen und salzen, im restlichen Öl bei mittlerer Hitze stocken lassen, dann wenden. Das Omelett in Streifen schneiden und mit den Frühlingszwiebeln unter den Reis heben, eventuell nachwürzen.

Zubereitungszeit: 35 Min.
Pro Portion (bei 6 Portionen) etwa 30 g E, 16 g F, 42 g KH = 451 kcal (1885 kJ)

17. Kapitel
EIERSAUCEN

**Ein Festessen:
Rinderfilet (Chateaubriand) mit jungem Gemüse und einer cremigen Sauce Béarnaise.
Rezept Seite 174**

Schmeckt heiß oder kalt zu Schokoladeneis: Amaretto-Zabaione mit Pinienkernen

Rinderfilet mit Sauce Béarnaise

(Zum Foto von Seite 173)
Für 4 Portionen:
2 El Weinessig
1/8 l trockener Weißwein
2 gehackte Schalotten
je 1 Zweig Estragon, Petersilie, Kerbel
2 Rinderfilets aus der Mitte (à ca. 500 g)
30 g Butterschmalz
Salz, Pfeffer (a. d. Mühle)
4 Eigelb
125 g eiskalte Butter
Alufolie zum Einwickeln

1. Essig, Wein, Schalotten und gehackte Kräuter verrühren und bei starker Hitze bis auf 4 El einkochen, durch ein Sieb gießen.

2. Fleisch im Fett bei starker Hitze anbraten. Auf mittlerer Hitze etwa 15–20 Minuten weiterbraten, salzen, pfeffern, in Folie wickeln, 10 Minuten ruhenlassen.

3. Eigelb und den eingekochten Sud im Wasserbad aufschlagen, dann die Butter in Stücken nach und nach zugeben, salzen.

4. Fleisch in Scheiben schneiden, mit der Sauce servieren. Dazu paßt junges, gedünstetes Gemüse.

Zubereitungszeit: 40 Minuten
Pro Portion etwa 52 g E, 51 g F, 1 g KH = 706 kcal (2959 kJ)

1 Die feinsten Saucen: Eiersaucen

Diese zarten Eiersaucen spielen in der feinen Küche eine große Rolle: Eine **Sauce Hollandaise** schmeckt zu Spargel, Blumenkohl, Artischocken und feinen Fischen; die **Sauce Béarnaise**, eine Abwandlung der Hollandaise, ist kräftiger und paßt zu zartem Fleisch wie Chateaubriand oder Entrecôte und zu gegrillten Fleisch- und Fischgerichten.

Eine süße **Weinschaumsauce** (Sabayon, Zabaione) schmeckt solo, mit Früchten, Löffelbiskuits oder zu Eis.

Da die Eiersaucen nicht ganz einfach zu machen sind, kann man auch auf Fertigprodukte zurückgreifen. Sie lassen sich zusätzlich verfeinern (siehe Rezepte auf den folgenden Seiten).

Unschlagbar ist und bleibt natürlich eine selbst aufgeschlagene Eiersauce. **Eiersaucen enthalten nur wenig Zutaten, die ihr Volumen durch das Schlagen verdreifachen. Damit das zarte Gemisch aus Eigelb, Flüssigkeit und Butter gelingt, helfen folgende Tips**:

Eiersaucen werden nicht gekocht, sie mögen es wohltemperiert, nicht zu heiß und nicht zu kalt: Deshalb schlägt man sie am sichersten auf in einem **Wasserbad**. Dazu setzt man einen Kochtopf oder einen Schlagkessel, am besten aus Edelstahl, in einen größeren Topf, der 2 bis 3 Zentimeter mit heißem, perlendem, aber nicht sprudelnd kochendem Wasser gefüllt ist. Wichtig: Der kleinere Topf (oder Schlagkessel) darf nicht einmal am Boden das Wasser berühren – die Sauce könnte dadurch schon zu heiß werden und mißlingen.

Die **Hollandaise** (holländische Sauce) ist die Grundsauce, die sich auf viele Arten abwandeln läßt.

Für 4 Portionen rechnet man:
4 Eigelb, 4 El Wasser (oder Wein), Salz, Pfeffer und 125 g Butter.

Zuerst schlägt man die Eigelb mit der Flüssigkeit (1 El pro Eigelb, Foto 1) im Wasserbad so lange mit dem Schneebesen, bis die Masse schaumig und dicklich ist (Foto 2), dabei ständig schlagen! Bis die Masse dicklich ist, kann es etwa 10 Minuten dauern; die Sauce ist dann bis zu 80 Grad heiß.

Die eiskalte Butter, in kleine Stücke geschnitten, gibt man nach und nach unter ständigem Schlagen in die Sauce (Foto 3). Dann die Sauce mit

1. Eigelb und Wein verrühren

2. Eimasse schaumig schlagen

Salz, Pfeffer und eventuell Zitronensaft abschmecken und sofort servieren.
Die kritischste Phase ist das Unterschlagen der Butter unter den Eierschaum: **Die Sauce kann gerinnen!** Beginnt sich die Eimasse von dem Fett zu trennen und krisselig zu werden, den Topf schnell aus dem Wasserbad nehmen und ein bis zwei Eßlöffel eiskalte Sahne, Eiswasser oder kleine Eisstücke mit dem Schneebesen oder dem Schneidstab des Handrührers unterschlagen, bis die Sauce wieder glatt ist. Dann die Sauce wieder ins Wasserbad setzen und die restliche Butter unterschlagen. Oder: Man schlägt von neuem 2 Eigelb im Wasserbad auf und gibt dann nach und nach die geronnene Sauce zu.
Wem es zu umständlich ist, die Sauce im Wasserbad zu schlagen, und wer schon etwas Übung hat, kann sie auch im Topf auf der Herdplatte bereiten: auf Stufe 1 oder Automatikplatte Stufe 5–6. Wird die Sauce zu heiß, Topf sofort vom Herd ziehen und so lange weiterschlagen, bis sie etwas abgekühlt ist.
Zum Schlagen sollte man einen Schneebesen nehmen, da man mit den Quirlen des Handrührgerätes nicht so präzise arbeiten kann wie mit einem elastischen Schneebesen.

3. Butterstücke unterziehen

Hier ein schnelles Rezept für 4 Portionen – Prinzeßbohnen mit Zitronen-Hollandaise: 750 g Prinzeßbohnen putzen, waschen und etwa 15 Minuten in 1/4 l Salzwasser kochen. In der Zwischenzeit eine Hollandaise wie beschrieben mit Zitronensaft (statt Wasser oder Wein) bereiten. Die Prinzeßbohnen abtropfen lassen und mit der Zitronensauce übergießen. Dazu passen Räucherlachs mit Kresse und Pfeffer bestreut und Pellkartoffeln mit Kümmel gekocht.

2 Variationen der Hollandaise

Die Hollandaise läßt sich vielseitig verfeinern: Etwas säuerlich abgeschmeckt mit Zitronen- oder Limettensaft paßt sie gut zu Gemüse; mit grünem Pfeffer zu Steaks oder gegrilltem Lachs. Die **Sauce Choron** ist eine Hollandaise, unter die man Tomatenpüree gibt. Sie schmeckt zu Fisch und Kalb. Besonders cremig und gehaltvoll ist die **Sauce Mousseline**, eine Hollandaise, unter die zusätzlich steif geschlagene Schlagsahne kommt; sie paßt zu Spargel und feinen Fischgerichten. Zu Steaks, Eiern und gekochtem Fisch schmeckt auch eine Hollandaise mit vielen Kräutern verfeinert.
Die bekannteste Abwandlung der Hollandaise ist die **Sauce Béarnaise** (Béarner). Für die Béarnaise kocht man zunächst eine Essenz, mit der dann die Eigelb aufgeschlagen werden: 2 El Weinessig, 1/8 l trockener Weißwein, 1–2 feingehackte Schalotten, je 1 Zweig Estragon, Petersilie und Kerbel so lange kochen, bis der Sud auf 4 Eßlöffel eingekocht (reduziert) ist, dann durch ein Sieb gießen.
Die Sauce dann wie eine Hollandaise zubereiten und nach Belieben mit Kräutern und Pfeffer würzen. Die Béarnaise paßt gut zu Steaks, Roastbeef und Filet. Der Fleischsaft, der beim Aufschneiden aus dem Fleisch tritt, kann zum Verfeinern unter die Béarnaise gegeben werden.

Sauce Béarnaise: zarte Verbindung aus Eigelb und Butter

3 Süß und cremig: Weinschaum

Die süße Variante der Eiersaucen ist der Weinschaum. In Italien heißt die schaumige Creme aus Eigelb, Zucker und Wein Zabaione, in Frankreich Sabayon. Dort sind sie ein eigenständiges Dessert. Der Weinschaum paßt aber auch, heiß oder kalt serviert, zu süßen Puddingen, Obstsalaten, frischen Erdbeeren, Kompott und Eis.
Das Grundrezept für die klassische Zabaione (für 4 Portionen): 4 Eigelb, 2 Eier, 4 El Zucker, 1/8 l Marsala.
Eigelb mit Eiern, Zucker und Marsala verrühren und im Wasserbad (wie die Hollandaise) bei ganz milder Hitze so lange schlagen, bis die Masse als kompakter Schaum im Topf aufsteigt. Da sich die Masse etwa verdreifacht, muß der Weinschaum in einem großen Topf bereitet werden.
Je nach Geschmack, kann die Flüssigkeit für die Sauce ersetzt werden durch trockenen Weißwein, einen süßen Dessertwein (Cream Sherry, Portwein, Madeira, Tokajer) oder - alkoholfrei - durch Zitronen- oder Orangensaft.
Im Unterschied zur herzhaften Sauce , die man nur mit Eigelb aufschlägt, gibt man an den Weinschaum Eigelb und ganze Eier.
Je nachdem, ob man die Creme süßer oder herber mag, variiert man die Zuckermenge. Durch die Zugabe von mehr Zucker wird der Weinschaum dicker.
Wird der Weinschaum kalt serviert, den Topf aus dem Wasserbad nehmen, sobald der Schaum aufsteigt. Die Schüssel dann in Eiswasser stellen und so lange weiterschlagen, bis der Schaum abgekühlt ist.
Zu Schokoladeneis (Foto links oben) paßt eine **Amaretto-Zabaione** aus 4 Eigelb, 2 Eiern, 4 El Zucker, 5 El Amaretto und 1/8 l Milch: Zutaten cremig schlagen, nach Belieben in Eiswasser kühlen, mit gerösteten Pinienkernen servieren.

Zabaione: aus Eigelb, Zucker und Wein bereitet

Grüner Spargel mit Orangen-Hollandaise

Für 4 Portionen:
2 kg grüner Spargel
Salz
160 g kalte Butter
Zucker
2 unbehandelte Orangen
4 Eigelb
Pfeffer (a.d. Mühle)
1 Tl Zitronensaft

1. Den Spargel waschen und das untere Drittel schälen. Die Schale in reichlich Salzwasser geben und 10 Minuten kochen, dann mit der Schaumkelle herausnehmen. 20 g Butter und 1 El Zucker in den Sud geben und die Spargelstangen darin 10 Minuten kochen.

2. Eine Orange heiß abspülen, abtrocknen und die Schale zur Hälfte abreiben. Die Orange auspressen. 5 El Orangensaft mit Eigelb, Salz, Pfeffer, Zucker und Zitronensaft in einen Topf mit dickem Boden geben.

3. Die Eigelbmischung bei milder Hitze mit dem Schneebesen cremig schlagen. Die restliche Butter in Würfel schneiden und nach und nach unterrühren. Die Sauce bei Bedarf nachwürzen.

4. Die zweite Orange quer in Scheiben schneiden. Den Spargel aus dem Sud nehmen und mit der Sauce und den Orangenscheiben anrichten.

Zubereitungszeit: 50 Minuten
Pro Portion etwa 11 g E, 36 g F, 7 g KH = 405 kcal (1688 kJ)

Gebackene Kartoffeln mit Sauce Hollandaise

Für 4 Portionen:
6 große Kartoffeln (à 250 g)
Salz
1 Paket Pulver für Sauce Hollandaise
125 g Kräuterbutter
3 Streifen Bacon (80 g)
Fett für die Form
1 Beet Kresse

1. Die Kartoffeln waschen und in der Schale in Salzwasser etwa 30 Minuten kochen.

2. Das Saucenpulver mit der auf der Packung angegebenen Flüssigkeitsmenge und 100 g Kräuterbutter nach Anweisung auf der Packung zubereiten.

3. Die Kartoffeln pellen und mit einem Küchenmesser kegelförmig aushöhlen. Das Kartoffelinnere zusammen mit der restlichen Butter mit einer Gabel fein zerdrücken und unter die Sauce rühren.

4. Die Masse in die Kartoffeln füllen, mit je 1/2 Scheibe Bacon belegen. Die Kartoffeln in eine gefettete Auflaufform setzen und im vorgeheizten Backofen bei 250 Grad (Umluft 250 Grad, 25 Minuten; Gas 5–6) auf der 2. Einschubleiste von unten 15 Minuten backen. Dann mit Kresse garnieren.

Zubereitungszeit: 40 Minuten
Pro Portion etwa 10 g E, 66 g F, 48 g KH = 849 kcal (3566 kJ)

Zuckerschoten mit Kerbel-Zitronen-Hollandaise

Für 4 Portionen:
500 g Zuckerschoten
Salz
1 Paket Pulver für Sauce Hollandaise
abgeriebene Schale von 1 unbehandelten Zitrone
1 El Zitronensaft
125 g Butter
einige Streifen unbehandelte Zitronenschale

1. Die Zuckerschoten waschen und in 3–5 Minuten in Salzwasser kochen.

2. Das Saucenpulver mit der auf der Packung angegebenen Flüssigkeitsmenge, Zitronenschale und -saft bei milder Hitze in einem Topf mit dickem Boden aufschlagen.

3. Die Butter in Würfel schneiden und nach und nach mit dem Schneebesen unterrühren.

4. Die Sauce mit den Zuckerschoten und Zitronenstreifen servieren.

Dazu paßt Kerbel-Kartoffelpüree.

Zubereitungszeit: 20 Minuten
Pro Portion etwa 5 g E, 53 g F, 15 g KH = 578 kcal (2431 kJ)

18. Kapitel
DESSERTS

Pfirsich-Kirsch-Kompott mit gehackten Mandeln schmeckt solo und natürlich mit Sahne oder Eis.
Rezept Seite 180

Hauptzutat dieser Desserts sind Früchte: Besonders sahnig schmeckt eine Creme mit frischen Him- und Brombeeren

Pfirsich-Kirsch-Kompott

(Zum Foto von Seite 179)
Für 4 Portionen:
6 Pfirsiche
500 g Sauerkirschen
6 El Gelierzucker
etwas Zitronenschale
4 Tl gehackte Mandeln

1. Pfirsiche kurz in kochendes Wasser tauchen, mit kaltem Wasser abschrecken, enthäuten (Foto rechts), halbieren und entsteinen. Kirschen entsteinen.

2. Gelierzucker mit 1/4 l Wasser und der Zitronenschale so lange kochen, bis sich der Zucker gelöst hat.

3. Pfirsichhälften hineingeben und bißfest kochen, herausnehmen. Kirschen hineingeben, einmal aufkochen und herausnehmen.

4. Den Saft noch etwas einkochen, abkühlen lassen und über die Früchte gießen. Mit Mandeln bestreuen.

Zubereitungszeit: 30 Minuten
Pro Portion etwa 3 g E, 4 g F, 50 g KH = 244 kcal (1019 kJ)

1 So wird Kompott zubereitet

Als Kompott schmecken alle Früchte – einzeln gekocht oder gemischt mit anderen Früchten. Wenn alle Früchte die gleiche Garzeit haben, kocht man sie zusammen, sonst gart man sie nacheinander: Die hellen Früchte zuerst, damit sie ihre Farbe behalten. Man nimmt sie nach dem Kochen aus dem Sud und mischt sie zum Schluß unter das Kompott.
Die Früchte behalten Farbe und Aroma, wenn sie in einer **Zuckerlösung** und nicht allein in Wasser kochen.
Je nach Säure- und Zuckergehalt, rechnet man für 500 bis 750 g Früchte etwa 200 bis 250 g Zucker auf 1/4 l Wasser. Das ergibt einen Zuckersirup von etwa 1/2 l. Das Wasser kann dabei durch Wein oder Fruchtsaft ersetzt werden. Außerdem würzen den Sud noch Zitronenschale, Zimt, Vanillinzucker oder Nelken, die man von Anfang an mitkocht. Bei milder Hitze garen die Früchte so lange, bis sie gerade gar sind; auf keinen Fall dürfen sie sprudelnd kochen, weil sie dann zu weich werden und zerfallen. Deshalb gart man das Kompott in einem offenen Topf; und damit es nicht nachgart, gießt man es schnell um in ein kaltes Gefäß.

Wird der übliche Haushaltszucker für die Lösung genommen, ist der Saft für ein Kompott oftmals zu dünn. **Deshalb dickt man Kompott mit etwas Speisestärke an**: 15 g, ein gestrichener Eßlöffel, Stärke reicht, um 1/2 l Saft leicht zu binden.

Die Haut der Pfirsiche mit einem Messer abziehen

Die Stärke (oder Vanillepuddingpulver) wird dazu mit etwas Wasser angerührt und zum Schluß in den kochenden Saft gegeben. Saft einmal kurz aufkochen und dann abkühlen lassen.
Das Andicken mit Stärke entfällt, wenn man das Kompott mit **Gelierzucker** kocht, den Spezialzucker, den man sonst zum Marmeladenkochen nimmt. Das darin enthaltene Pektin bindet den Saft.

2 Festlich: Himbeer-Sahne-Creme

Diese zarten Cremespeisen aus Sahne und pürierten Früchten zergehen auf der Zunge und sind der ideale Abschluß einer festlichen Mahlzeit.
Und so wird zum Beispiel eine **Himbeer-Brombeer-Sahne-Creme** gemacht: Je 250 g Himbeeren und Brombeeren verlesen und durch ein Sieb streichen. Fruchtpüree mit 3–4 El Zucker süßen und so lange rühren, bis sich der Zucker gelöst hat. 4 Blatt Gelatine einweichen, ausdrücken und tropfnaß in einem Topf unter Rühren bei milder Hitze auflösen. Die Gelatine erst mit etwas Püree verrühren, dann den Rest zugeben und kalt stellen. Dann 1/4 l Schlagsahne steif schlagen. Sobald das Püree zu gelieren (fest zu werden) beginnt, die Sahne vorsichtig unter das Püree ziehen. Die Creme mindestens 1 Stunde kühl stellen. Zum Servieren die Creme mit einem Löffel abstechen und mit frischen Him- und Brombeeren anrichten (Foto oben links).
Natürlich schmeckt die Sahnecreme auch mit anderen Früchten. **Die Regel: Man braucht für 500 g pürierte Früchte 4 Blatt Gelatine und 1/4 l Schlagsahne.**

3 Nicht nur zu Eis: Früchtepürees

Früchtepürees schmecken als kalte Obstsuppe oder als Sauce zu Eis, Cremes, Mousses oder zu anderem Obst. Dazu püriert man jeweils etwa 500 Gramm Erdbeeren, Himbeeren, Brombeeren, Johannisbeeren, Mangos, Kiwis, Aprikosen oder Pfirsiche und streicht sie mit einem Löffel durch ein feines Sieb, damit Kerne im Sieb zurückbleiben. Je nach Geschmack, süßt man die Pürees mit 1–2 El Puderzucker.

4 Mit viel Obst: Grützen

Grützen werden aus Obst, Flüssigkeit, Zucker und Speisestärke zubereitet.
Das Grundrezept: 1/2 l Flüssigkeit mit 500 g Obst und Zucker – nach Geschmack – aufkochen und mit 20 bis 30 g Speisestärke andicken.
Gut gekühlt serviert man sie normalerweise mit flüssiger Sahne. Aber auch mit geschlagener Sahne oder Vanillesauce ist Grütze ein Genuß.
Typisch norddeutsch ist die **Rote Grütze**: 1/2 l roten Johannisbeersaft mit 2–3 El Zucker zum Kochen bringen. 1 El Speisestärke mit 2 El kaltem Wasser verrühren. Inzwischen 250 g Himbeeren verlesen und 250 g Erdbeeren putzen und waschen. Die Stärke in den kochenden Saft geben und 2–3 Minuten auf kleiner Stufe kochen lassen. Dann die Himbeeren und Erdbeeren zugeben und einmal aufkochen lassen. Grütze sofort vom Herd ziehen und in eine kalte Schüssel geben: So zerfallen die Früchte nicht. Die Grütze mit etwas Zucker bestreuen, damit sich keine Haut bildet. Die Grütze dann kühl stellen.

Rote Grütze mit ganzen Früchten wird mit flüssiger Sahne serviert

Gut schmecken auch diese Grützen: 250 g entsteinte Kirschen und 250 g Himbeeren in Wein kochen und mit Stärke binden. Oder 250 g Apfelstücke und 250 g entsteinte Pflaumen mit Zucker in 1/2 Liter Flüssigkeit kochen, die mit Zitronenschale und etwas Zimt gewürzt ist.

5 So gelingen Gelatinespeisen

Der Umgang mit Gelatine ist einfacher, als man denkt. Der Unterschied zum Andicken mit Speisestärke: Die Flüssigkeit kann kalt oder heiß sein, muß aber nicht kochen.
Speisegelatine wird in Blättern, als Pulver, weiß oder rot, angeboten. Da sich Gelatine nur flüssig verarbeiten läßt, weicht man sie etwa 10 Minuten zum Quellen in kaltem Wasser ein. Danach drückt man Gelatineblätter leicht aus (das Ausdrücken entfällt bei Gelatinepulver) und rührt sie in die heiße Flüssigkeit, bis sie sich aufgelöst hat.
Folgende Methode eignet sich besonders für die **Zubereitung von kalten Speisen**: Dazu die ausgedrückte Gelatine tropfnaß in einen kleinen Topf geben und unter Rühren bei ganz milder Hitze auflösen. Dann einige Eßlöffel von der Flüssigkeit oder dem Fruchtpüree abnehmen und gut mit der Gelatine verrühren. Gelatinemasse dann unter die restliche Flüssigkeit geben.
Für leicht gebundene Cremespeisen oder Gelees reichen 3–4 Blatt Gelatine auf 1/2 l Flüssigkeit. Für Gelees zum Stürzen braucht man 6 Blatt oder 1 Päckchen gemahlene Gelatine für 1/2 l Flüssigkeit.
Da Gelatine bereits bei 30 Grad zu schmelzen beginnt, taucht man zum Stürzen die Schüssel kurz in warmes Wasser: Am Rand wird die Speise dadurch weich und rutscht aus der Schüssel heraus.
Hier ein **Rezept für ein glasklares Weingelee mit Trauben (für 4 Portionen):** 1/4 l Wein, 2 El Zitronensaft, 1/4 l Wasser und 2–3 El Zucker aufkochen. 6 Blatt Gelatine einweichen und tropfnaß in den heißen Sud geben. Oder die Gelatine in einem Topf auflösen und unter den Sud rühren. 250 g Trauben waschen, abtropfen lassen, halbieren und entkernen. 4 Tassen (oder Förmchen), gut gekühlt, mit je 4 El Gelee füllen und kalt stellen – man nennt das **„einen Spiegel gießen“**. Die Trauben auf das feste Gelee legen und mit dem restlichen Gelee begießen und erstarren lassen. Die Tassen kurz in warmes Wasser tauchen und stürzen. Nach Belieben mit Trauben oder Sahne garnieren.

1. Gelatine auflösen

2. Schichtweise einfüllen

3. Mit Trauben verzieren

Rohe Erdbeergrütze mit Melonenkugeln

Für 4 Portionen:
5 Blatt rote Gelatine
750 g Erdbeeren
40 g Zucker
6 El Erdbeerlikör
4 El Zitronensaft
1 kleine Ogenmelone (ca. 500 g)
1/4 l Schlagsahne
1 Paket Vanillinzucker
1 Zweig Zitronenmelisse

1. Die Gelatine in Wasser einweichen. Die Erdbeeren waschen, putzen und halbieren. 500 g Erdbeeren mit dem Schneidstab des Handrührers pürieren und mit Zucker und Erdbeerlikör verrühren.

2. Die Gelatine ausdrücken und in einem Topf bei milder Hitze auflösen. Mit dem Zitronensaft unter das Püree rühren.

3. Die Melone quer halbieren, die Kerne herauskratzen, mit einem Ausstecher Kugeln aus-

stechen. 3/4 der Kugeln und 3/4 der Erdbeeren unter das Püree ziehen. Das Püree etwa 2 Stunden kalt stellen.

4. Die Sahne mit Vanillinzucker steif schlagen. Die Grütze mit der Sahne, den restlichen Erdbeeren, Melonenkugeln und der Zitronenmelisse garnieren.

Zubereitungszeit: 30 Minuten
(plus 2 Stunden Kühlzeit)
Pro Portion etwa 6 g E, 21 g F, 43 g KH = 395 kcal (1656 kJ)

Melonensalat

Für 4 Portionen:
750 g Ogcnmelone
750 g Wassermelone
1 Birne
3 Limetten
6 El Limettensaft
2 El Puderzucker
2 El Kirschwasser
1/4 l Schlagsahne
1 Paket Vanillinzucker

1. Die Melonen halbieren, entkernen, in Spalten schneiden, das Fruchtfleisch von den Schalen lösen und in Stücke schneiden.

2. Die Birne schälen, vierteln, entkernen und quer in Scheiben schneiden.

3. Die Birnenscheiben und Melonenstücke mischen. Die Limetten heiß abwaschen, dann die Schale abreiben und den Saft auspressen.

4. Den Limettensaft und einen Teil der Limettenschale, Puderzucker und Kirschwasser verrühren und unter die Früchte ziehen.

5. Den Salat für 20 Minuten in den Gefrierschrank stellen. Die Sahne mit Vanillinzucker halbsteif schlagen. Den Salat herausnehmen, mit der Sahne garnieren und mit restlichen Limettenschalen bestreuen.

Zubereitungszeit: 40 Minuten (inklusive Kühlzeit)
Pro Portion etwa 4 g E, 20 g F, 37 g KH = 364 kcal (1525 kJ)

Sahnereis mit Blaubeeren

Für 4 Portionen:
1/2 unbehandelte Zitrone
1/2 l Milch
5 El Zucker
1 Vanilleschote
200 g Rundkornreis
250 g Blaubeeren
1/8 l Schlagsahne
30 g Butter

1. Die Zitrone heiß abspülen, die Schale trockenreiben. Die Zitronenschale spiralenförmig schälen. Die Milch mit der Zitronenschale, 2 El Zucker und der aufgeschlitzten Vanilleschote zum Kochen bringen. Den Reis einstreuen und bei milder Hitze 20–25 Minuten ausquellen lassen. Die Vanilleschote und Zitronenschale herausnehmen und den Reis kalt stellen.

2. Die Blaubeeren waschen, verlesen und abtropfen lassen. 4 El Beeren zur Seite stellen, den Rest mit 1 El Zucker mit dem Schneidstab des Handrührers pürieren.

3. Die Sahne steif schlagen und unter den ausgekühlten Reis ziehen. Den Reis abwechselnd mit dem Püree in Gläser schichten.

4. Die beiseite gelegten Beeren in dem restlichen Zucker wälzen. Die Butter bräunen und mit den Beeren auf dem Reis verteilen.

Zubereitungszeit: 40 Minuten
Pro Portion etwa 10 g E, 21 g F, 75 g KH = 545 kcal (2276 kJ)

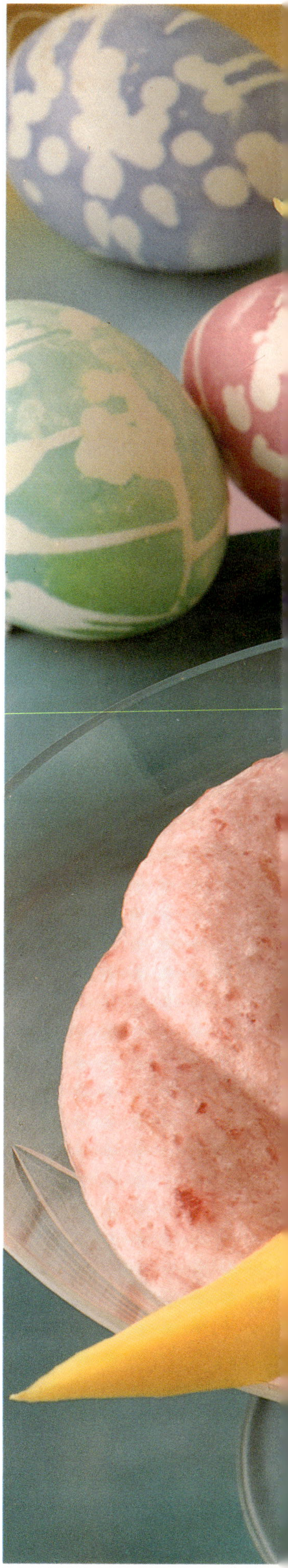

Rhabarberschaum

Für 4 Portionen:
750 g Rhabarber
100 g Zucker
1 Päckchen Vanillinzucker
6 Blatt rote Gelatine
2 Eiweiß
1/8 l Schlagsahne
1 Mango
Zitronenmelisse zum Garnieren

1. Den Rhabarber putzen, waschen und in schmale Stücke schneiden. Rhabarber mit 80 g Zucker und Vanillinzucker aufkochen und ca. 20 Minuten geschlossen bei milder Hitze garen. 8 El abnehmen und kalt stellen.

2. Die Gelatine einweichen, tropfnaß zum Rhabarber geben und mit dem Schneidstab des Handrührers pürieren, kalt stellen.

3. Wenn der Rhabarber zu gelieren beginnt, das Eiweiß mit dem restlichen Zucker steif schlagen und unter den Rhabarber heben.

4. Die Masse 20 Minuten kalt stellen, dann in einen Spritzbeutel mit langer Tülle füllen und in Portionsschälchen spritzen.

5. Die Mango schälen, das Fruchtfleisch in Spalten vom Stein schneiden. Den Rhabarberschaum mit Mangospalten und Rhabarberkompott servieren, mit Zitronenmelisse garnieren.

Zubereitungszeit: 30 Minuten (plus 2 Stunden Kühlzeit)
Pro Portion etwa 6 g E, 10 g F, 36 g KH = 278 kcal (1162 kJ)

Buttermilch-kaltschale mit Erdbeeren

Für 4 Portionen:
750 g Erdbeeren
4 Blatt rote Gelatine
50 g Puderzucker
abgeriebene Schale von
1 unbehandelten Zitrone
1/2 l Buttermilch
etwas Schale von
1 unbehandelten Orange

1. Die Erdbeeren waschen und putzen. Die Gelatine in kaltem Wasser einweichen.

2. 650 g Erdbeeren mit Puderzucker und Zitronenschale pürieren. Die restlichen Erdbeeren in Scheiben schneiden.

3. Die Gelatine bei milder Hitze auflösen, unter das Püree rühren. Die Buttermilch zugeben.

4. Die Kaltschale auf 4 Teller verteilen und mindestens 1 Stunde kalt stellen.

5. Die Orangenschale in feine Streifen schneiden. Die Kaltschale mit Erdbeeren und Orangenschale garnieren.

Zubereitungszeit: 20 Minuten (plus 1 Stunde Kühlzeit)
Pro Portion etwa 8 g E, 1 g F, 29 g KH = 160 kcal (672 kJ)

Pfirsiche mit Schlagsahne und Himbeerpüree

Für 4 Portionen:
4 Pfirsiche (ca. 500 g)
125 g Himbeeren
30 g Puderzucker
1/4 l Schlagsahne
1 Vanilleschote
1 El Zucker
15 g Pistazienkerne

1. Die Pfirsiche mit kochendem Wasser überbrühen, kalt abschrecken und häuten. Die Pfirsiche halbieren und die Steine herauslösen. Von jeder Hälfte eine dünne Spalte abschneiden und zum Garnieren beiseite legen.

2. Die Himbeeren verlesen und durch ein Sieb streichen.

Das Püree mit dem Puderzucker verrühren.

3. Die Schlagsahne steif schlagen. Die Vanilleschote halbieren und auskratzen. Das Mark mit Zucker unter die Sahne schlagen. Sahne in einen Spritzbeutel mit Sterntülle füllen und auf die Pfirsichhälften spritzen.

4. Das Himbeermark darauf verteilen. Je eine Pfirsichspalte daraufsetzen. Die Pistazien hacken und darüberstreuen.

Zubereitungszeit: 30 Minuten
Pro Portion etwa 4 g E, 22 g F, 26 g KH = 321 kcal (1348 kJ)

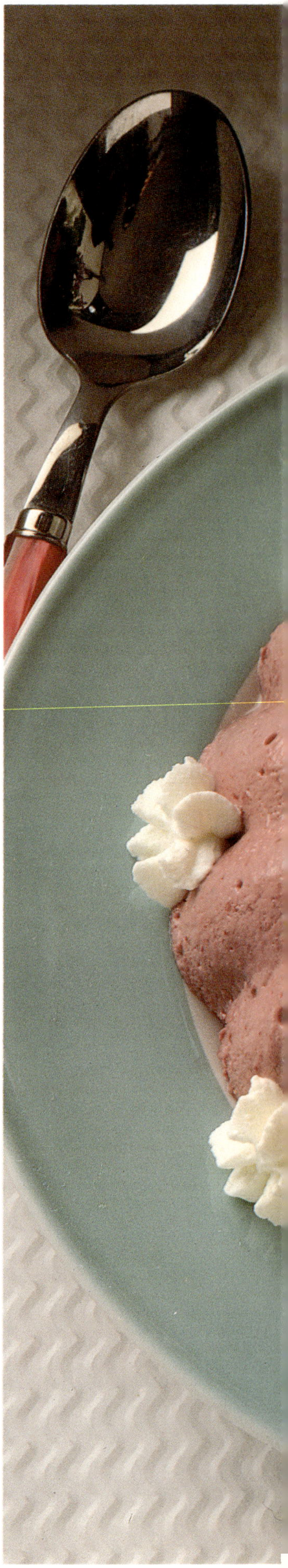

Kokos-Ananas-Ringe

Für 4 Portionen:
1 kleine Ananas (800 g)
100 g Kokosraspeln
1 Glas Aprikosenkonfitüre (450 g)
1/4 l Schlagsahne
1 Paket Vanillinzucker
250 g Himbeeren (frisch oder TK)
1 El Puderzucker

1. Die Ananas quer in 8 Scheiben schneiden, schälen, den Strunk in der Mitte ausstechen, die Scheiben halbieren.

2. Die Kokosraspeln in einer Pfanne ohne Fett goldbraun rösten. Die Konfitüre bei milder Hitze schmelzen lassen.

3. Die Ananasscheiben erst in der Aprikosenkonfitüre, dann

in den Kokosraspeln wenden.

4. Die Schlagsahne mit Vanillinzucker steif schlagen. Die verlesenen (oder angetauten) Himbeeren mit Zucker pürieren.

5. Die Ananasscheiben mit der Sahne und dem Himbeerpüree servieren.

Zubereitungszeit: 45 Minuten
Pro Portion etwa 5 g E, 36 g F, 99 g KH = 750 kcal (3139 kJ)

Blaubeercreme

Für 4 Portionen:
250 g Brombeeren (frisch oder TK)
4 Eigelb
40 g Puderzucker
2 El Kirschwasser
1–2 El Zitronensaft
1 Paket Sofort-Gelatine (30 g)
3/8 l Schlagsahne

1. Frische Brombeeren verlesen, tiefgefrorene auftauen lassen. Eigelb mit Puderzucker, Kirschwasser und Zitronensaft mit dem Handrührer schaumig schlagen.

2. 5 Brombeeren beiseite legen, die restlichen Beeren mit dem Schneidstab des Handrührers pürieren und durch ein

Sieb streichen. Die Gelatine in das Püree rühren. Das Püree unter die Eicreme ziehen.

3. Sobald die Creme zu gelieren beginnt, 1/4 l Sahne steif schlagen und unter die Creme ziehen. Eine Puddingform (1 l Inhalt) kalt ausspülen, die Creme einfüllen und mindestens 2 Stunden kalt stellen.

4. Die restliche Sahne ebenfalls steif schlagen. Die Form in warmes Wasser tauchen und die Creme auf eine Platte stürzen. Sahne in einen Spritzbeutel mit Sterntülle geben und Rosetten auf die Creme spritzen, dann mit den restlichen Brombeeren garnieren.

Zubereitungszeit: 20 Minuten (plus 2 Stunden Kühlzeit)
Pro Portion etwa 11 g E, 37 g F, 19 g KH = 478 kcal (2003 kJ)

REZEPT-REGISTER

H

I

K

L

M

N

O

P

REZEPT-REGISTER

R

S

T

U

V

W

Z